卦筮精選

李新耀 著

進源網路事業有限公司出版

前言

　　兩年前，我開始整理自己的占測案例，至今不覺間已過去兩年，但總覺得時光似乎停留在了那個時間，一回首便是昨日。過去經歷的一幕幕似乎剛剛發生，兩年的時光分明擠壓得只剩下薄薄的幕布。

　　演出著出書的喜悅，朋友的尊崇，背叛的痛苦，無盡的網暴，有老，有病，有死，有生，悲慟絕望，破而後立。一朝一夕，消匿於得失之間，如今的我，已開始變得不以物喜，不以己悲。

　　兩年前整理成的書，名為《梅花筮卦千例集》。起先是我的案例漸多，不少精彩的案例有易友想學習，我亦想分享出來，傳承知識。抽時間整理出一千個案例。但覺得少些什麼，於是年底又寫基礎與理論作品《梅花六十四講》，不久後於臺灣出版。

　　次年，又出版了另一本作品《梅花理法講義》，既已出版兩本，索性把第一本案例集也一併出版，於是精選出兩百多個案例作成本書《卦筮精選》，以饗讀者，如有所成，亦萬分感念。

目錄

前言···002
自序···014

案例一	老人出走·································032
案例二	回家應期·································034
案例三	女占感情·································036
案例四	手機丟失·································038
案例五	感情複合·································040
案例六	老人生病·································042
案例七	全家安康·································044
案例八	婚姻感情·································046
案例九	下雨應期·································048
案例十	身體健康·································049
案例十一	女子射覆·································050
案例十二	手機被偷·································051
案例十三	婚姻感情·································052
案例十四	事業姻緣·································054
案例十五	婚姻應期·································056
案例十六	親人病危·································058
案例十七	寵物抓傷·································059
案例十八	落筷兆應·································060

004　卦筮精選

案例十九	來電應期	061
案例二十	舅舅身體	062
案例二十一	銀行貸款	064
案例二十二	王者榮耀	065
案例二十三	流年運程	066
案例二十四	新冠感染	068
案例二十五	作家稿費	069
案例二十六	疾控中心	070
案例二十七	離婚應期	072
案例二十八	射覆姓氏	074
案例二十九	射覆數字	075
案例三十	感情姻緣	076
案例三十一	新冠疫情	078
案例三十二	姓名解卦	080
案例三十三	女占生孕	082
案例三十四	少女問卦	084
案例三十五	射覆行為	086
案例三十六	因雨占晴	087
案例三十七	少女問卦	088
案例三十八	婚姻感情	090
案例三十九	面試吉凶	092
案例四十	老人重病	093
案例四十一	證件丟失	094

案例四十二	父親生病	095
案例四十三	現場解析	096
案例四十四	工作姻緣	098
案例四十五	離家出走	100
案例四十六	少年溺水	101
案例四十七	異地感情	102
案例四十八	打架爭端	104
案例四十九	老人患癌	106
案例五十	妻子生產	108
案例五十一	二叔病危	110
案例五十二	考試吉凶	111
案例五十三	女占運勢	112
案例五十四	樹木枯榮	114
案例五十五	女子生產	116
案例五十六	作家投稿	117
案例五十七	外應三則	118
案例五十八	精神疾病	120
案例五十九	流年運程	122
案例六十	疫情隔離	124
案例六十一	女子賣房	126
案例六十二	男子問卦	128
案例六十三	女子買房	130
案例六十四	考研分數	131

案例六十五	工作發展	132
案例六十六	工作財運	133
案例六十七	紋身吉凶	134
案例六十八	論文答辯	136
案例六十九	九價疫苗	137
案例七十	工作發展	138
案例七十一	室友失聯	139
案例七十二	聯繫導師	140
案例七十三	科目考試	141
案例七十四	鬱金香花	142
案例七十五	考研調劑	143
案例七十六	國內事件	144
案例七十七	少女問病	145
案例七十八	加強疫苗	146
案例七十九	考試延期	147
案例八十	射覆家事	148
案例八十一	公務員考	149
案例八十二	出租房屋	150
案例八十三	夢魘纏身	151
案例八十四	戒指丟失	152
案例八十五	教資報名	153
案例八十六	麻將吉凶	154
案例八十七	聯繫應期	155

案例八十八	生死應期	156
案例八十九	手機丟失	157
案例九十	麻將輸贏	158
案例九十一	男子複合	159
案例九十二	證件丟失	160
案例九十三	工作關係	161
案例九十四	戒指丟失	162
案例九十五	封校回家	163
案例九十六	身體疾病	164
案例九十七	異國他鄉	166
案例九十八	脫單應期	168
案例九十九	貓咪丟失	169
案例一〇〇	男占鼻炎	170
案例一〇一	事業發展	171
案例一〇二	外婆走失	172
案例一〇三	射覆物品	174
案例一〇四	投資賬款	175
案例一〇五	感情姻緣	176
案例一〇六	眼睛失明	178
案例一〇七	貓咪丟失	180
案例一〇八	金毛病逝	182
案例一〇九	乘坐航班	183
案例一一〇	借款逾期	184

008　卦筮精選

案例一一一	幻視鬼怪	186
案例一一二	論文投稿	188
案例一一三	團員證件	189
案例一一四	夢之兆應	190
案例一一五	流年運程	192
案例一一六	落葉兆應	194
案例一一七	脫單應期	196
案例一一八	疫情解封	197
案例一一九	老人走失	198
案例一二〇	婆婆走失	199
案例一二一	銀行貸款	200
案例一二二	狗狗丟失	201
案例一二三	財運發展	202
案例一二四	投資欠款	204
案例一二五	六級考試	206
案例一二六	少男問病	207
案例一二七	女子複合	208
案例一二八	工作調動	210
案例一二九	婚姻感情	212
案例一三〇	疫情被困	214
案例一三一	包包丟失	216
案例一三二	男人病危	217
案例一三三	男同事病	218

案例一三四	教師考試	220
案例一三五	女人生孕	221
案例一三六	手機丟失	222
案例一三七	少女問病	223
案例一三八	天災人禍	224
案例一三九	爺爺生病	226
案例一四〇	姐弟關係	228
案例一四一	何時下雨	230
案例一四二	久雨占停	231
案例一四三	錢財丟失	232
案例一四四	手機丟失	234
案例一四五	近期財運	236
案例一四六	有緣無分	237
案例一四七	桃花運勢	238
案例一四八	感情複合	240
案例一四九	朋友失聯	242
案例一五〇	比賽拿獎	244
案例一五一	狗狗生病	245
案例一五二	吵架結束	246
案例一五三	出行順利	248
案例一五四	手被抓傷	249
案例一五五	感情複合	250
案例一五六	母親腰疼	252

案例一五七	桃花運勢	254
案例一五八	錄取通知	256
案例一五九	射覆出行	258
案例一六〇	感情發展	260
案例一六一	房子出租	263
案例一六二	電腦丟失	264
案例一六三	蝙蝠飛舞	265
案例一六四	胸口疼痛	266
案例一六五	手機丟失	267
案例一六六	嗓子疼痛	268
案例一六七	何時來電	269
案例一六八	婚姻感情	270
案例一六九	股票漲跌	272
案例一七〇	證件丟失	273
案例一七一	燈籠投標	274
案例一七二	借錢反貸	275
案例一七三	幹眼疾病	276
案例一七四	工作運程	278
案例一七五	同性感情	280
案例一七六	是否懷孕	281
案例一七七	觸屏失靈	282
案例一七八	女子複合	283
案例一七九	鑰匙丟失	284

案例一八〇	線下預測	285
案例一八一	救火未歸	286
案例一八二	老人病逝	287
案例一八三	感情發展	288
案例一八四	當日財運	290
案例一八五	陷於苦海	291
案例一八六	自主意志	292
案例一八七	銷售開單	293
案例一八八	新冠感染	294
案例一八九	釣魚吉凶	295
案例一九〇	女子運勢	296
案例一九一	老公財運	298
案例一九二	牡丹占例	300
案例一九三	叩門借物	302
案例一九四	動靜如何	304
案例一九五	西林寺牌	306
案例一九六	老人有憂	308
案例一九七	少年有喜	310
案例一九八	牛哀鳴占	312
案例一九九	雞悲鳴占	314
案例二〇〇	組合家庭	315
案例二〇一	枯枝墜地	316
案例二〇二	買香占斷	318

案例二〇三	上吊自殺	320
案例二〇四	臨日而占	321
案例二〇五	貓咪抓傷	322
案例二〇六	上司被查	323
案例二〇七	女占胃痛	324
案例二〇八	精神疾病	325
案例二〇九	學位證書	326
案例二一〇	當日有雨	328
案例二一一	割雙眼皮	329
案例二一二	實習工作	330
案例二一三	同性複合	331
案例二一四	今日動靜	332
案例二一五	增刪卜易	333
案例二一六	何時結婚	334
案例二一七	奶奶受傷	336
案例二一八	三角戀情	338
案例二一九	包包丟失	340
案例二二〇	射覆姓氏	341
案例二二一	婚戀關係	342
案例二二二	接親摔倒	343
案例二二三	網暴事件	344
案例二二四	牢獄之災	346
案例二二五	車禍傷災	347
案例二二六	自占兆應	348

案例二二七	翻牆被查	350
案例二二八	閨蜜吉凶	351
案例二二九	少女失蹤	352
案例二三〇	獨生子女	353
案例二三一	精神疾病	354
案例二三二	交接人員	355
案例二三三	電車追尾	356
案例二三四	病重逝世	357
案例二三五	乘坐高鐵	358
案例二三六	異地複合	359
案例二三七	人生運勢	360
案例二三八	女子複合	361
案例二三九	腿部受傷	362
案例二四〇	何時來水	363
案例二四一	煤氣施工	364
案例二四二	考研上岸	365
案例二四三	健康發展	366
案例二四四	女子占病	368
案例二四五	感情發展	370
案例二四六	未解之卦	372
案例二四七	工作發展	373
案例二四八	競選班長	374
案例二四九	投資賺錢	375
案例二五〇	朋友還錢	376

自序

　　我向來覺得只有名人才有作傳的資格,然則我並非什麼名人,不過僥倖出了幾本書,離名人二字相去甚遠,不過還是想鬥膽為自己作一個小小的傳記。一則是因為以後可能不會從事易學研究,留個小傳,期望有讀者真正瞭解我。一則是造謠甚眾,流言蜚語不斷,至今仍時常被人惡意辱罵,我也沒有很多時間去一一回應,寫在書中,聊以慰藉吧。

梅花緣起

　　或許從哪裡講述我與梅花的緣份比較好呢,思來想去,時間回溯到少年時期吧。

　　十六歲那年,我考入重點高中,亦分配到重點班學習。彼時只想通過三年努力,考上大學,實現成為數學家或是物理學家的夢想。

　　可夢想從來都是難以實現的。高二那年,開始間歇性頭疼,一開始並沒有在意,直到症狀愈演愈烈,繼而無法思考,無法記憶,整日都在頭疼。生病前,過目不忘,生病後,剛學過的知識轉瞬即逝,成績從前幾名斷崖式跌落至倒數。

老師找家長談話，不久休學，自此開始了漫長的求醫之路，大大小小的醫院檢查一遍，但始終查不到病因。求葡問卦，一無所獲，但最終在省醫院確診為抑鬱症，頭疼只是軀體化症狀。

　　第一次聽說軀體化症狀這個詞，感歎人體真的神奇，明明沒有任何器質性病變，卻仍可以表現出一系列症狀。醫生只是開了幾盒舍曲林，叮囑按時吃藥。

　　休學在家，為了打發無聊的時光，開始追劇，開始閱讀，尤愛推理作品，看柯南，看東野圭吾，看松本清張，看江戶川亂步，看艾加莎……時間一久，慢慢萌發出自己寫一本推理小說的念頭。

　　但是彼時頭疼的情況仍然十分嚴重，只能在稍微緩和的情況下思考創作，就這樣，一本僅三十萬字的小說花了一年多的時間才勉強寫完，中間一度棄稿，但好在堅持下來。

　　彼時，有一家出版社看中了我的稿子，希望我簽給他們，但看在未成年的原因，只同意給出版，不給稿費，我當然不樂意，轉手簽給了一家網站，於是小說成了網文。

　　第二本小說打算取材周易八卦，於是去搜集相關素材，加群，找到本電子版的《梅花易數》，這件看似無足輕重的小事，卻改變了我的一生。

棄文從易

少年時期曾做過一件蠢事，至今仍感到十分懊悔。一次，一個收廢品的老人路過門前，我突然心血來潮想把家裡的舊書賣了，找到幾本算卦古籍，心想封建迷信，便全部出售。成年後才知道那是一些很珍貴的書，也許那個時候便埋下了某個因，要後來的我同樣寫出幾本來彌補。

年少時，也曾對蔔算一事嗤之以鼻，取材瞭解後，發現事情並不簡單，按照書中的算法，切切實實地算准了幾件事，且並非可以生硬地歸因於巧合，便生髮出仔細探究的想法。

轉而告知編輯，打算棄文。驚訝之餘，編輯也未多加勸阻，朋友亦覺得很是可惜，但還是退出文學圈，開始探究占卦的原理。

十八歲，開始自學梅花易數，但無師指點，總不得要領，占算亦時有出錯。不久，高考開啟，兩年裡幾乎沒有任何學習，但想著衝擊一下。

從小到大獎狀拿滿的人，最差的一次考試竟是在高考。至今已不記得怎麼進場考試，只記得那天症狀加重，頭疼欲裂，只好一邊用手掐住頭皮，一邊答題。頭疼讓我無法思考，只能憑藉某種原始的感覺去作答，也渾渾噩噩地參加完所有考試。

棄學從易

　　本以為會考的一塌糊塗，但巧妙選科下，考入安徽大學。大學後，許是壓力驟減，頭疼的症狀亦慢慢消退，但記性還是很差。彼時立志，天道酬勤，花費諸多精力學習，竟也未落下風，至於大一時年，也獲得獎學金。

　　但好景不長，二十一歲之際，抑鬱症再度加重，增加藥量，一次四片，全然無效。思維被鎖，頭疼欲裂，大腦死機，無法學習，但仍負隅頑抗。禍不單行，長期吃藥誘發胃病，每日胃疼。其後不久，又逢家庭變故，無力堅持，不久休學，繼而轉為輟學。

　　自暴自棄，躺在出租房裡等死，沉迷遊戲王者榮耀。睜眼便是遊戲，每日強制下線，換號繼續。餓了泡面，渴了白水，刻意熬夜，期待某天猝死，了無牽掛。

　　房間堆滿泡面盒，兼職收入消耗殆盡，無錢吃飯。偶然一次，某人聯繫要算卦，並願意支付卦金，哪有水平算卦，硬著頭皮亂說一通，但那人卻說很准，並轉帳一百。

　　閒聊之下，那人是一企業老闆，曾經白手起家，資產做到上億，但因決策失誤，公司倒閉，負債累累，計劃東山再起。東山再起？上億到負債都能東山再起，或許我亦還有希望。每天只有很少的時間頭疼減輕，便趁這段時間研究梅花。

開山立派

起先,學習了國內所有名家的體系,案例,但總覺得不得要領,同時也很難維持一個很高的準確率,總是時靈時不靈。也許問題在我,但不論如何,總是要解決的,興許可以開發自己的一套體系?

這或許需要幾十年的功夫,但那段時間,如有神助,且驚奇地發現,在進行易學思考時,頭疼症狀亦會減輕,興許救贖之道藏匿其中?

半年時間,開發出一系列理論並通過嚴格的實踐加以證實。定義一系列名詞和概念,如心理卦,現實卦,衍卦,主互結構等。拋棄爻辭釋卦的傳統派,拋棄象法解卦的靈感派,代之以體用五行生克之理解卦,其思維方式和少年時所喜推理極為相似,故稱之為理法體系。

彼時,命運流轉,身份亦由大學生過渡到算卦先生。二十一歲以賣蔔為生,數年裡輾轉北京,上海,廣東,福建,河南等諸多省份。蔔算准驗,數年之間,客戶竟接連不斷。

招收學員

二十二歲那年,拉入一個微信群,剛巧有人議論說這天底下根本沒有人準確率能達到九成。彼時年輕氣盛,當場打賭,讓此人發反饋卦十例,當場占斷,至少占驗

九例,如失算,當場退易,但若應驗九例以上,須拜我為師。其人滿口應允。

於是眾人圍觀,由此人出卦,卦即發生,便立下斷之吉凶應期,連發五卦,連驗五卦,至第六卦,或是心虛,此人不再發卦,不發則無法應驗,不必拜師。眾人退散,但私下有人加我,懷疑是在請托,要求當場算其反饋卦,如果算對,必然拜師。

於是一連又驗其數卦,此人歎說,這是他占算失誤,思考數月不曾明白的案例。於是給他詳細講解理法思路斷法,只說聞所未聞。次日,他又拉來他的師弟前來拜師,不久又有幾人聞說此事,陸續前來拜師。

後來才知道,那是個職業交流群,是一些年齡四十以上的職業占卜師。就這樣,我有了第一批學員,二十二歲的我帶著一批中年人學易。

桃李天下

2021年,時間來到夏季,彼時定居在廣東。一次偶然的機會,前去藥店買些中藥,店員向我推銷了一款中藥產品,盛情難卻,即使覺得有些貴,但還是買下。

僅服用兩天,驚奇發現胃病痊癒,若非真實經歷,實在無法相信,西醫開過許多藥也不曾見好轉,中藥兩次便忽然痊癒,實為神奇。既已痊癒,又吃了一些抗抑鬱藥

物，又僅兩天，數年之抑鬱痊癒，所有症狀如數退去，至今仍覺不可思議。

冥冥之中，相必皆有安排。二十三歲，恢復健康，又想繼續學業，但可惜學籍已經不在，於是參加自學考試，一邊為人占卜，一邊傳道解惑，一邊考試。慕名拜師者越來越多，僅一年時間，已桃李天下。

著書立說

又一年，水平再度提升，吉凶應期之準確率已無限接近百發百中，凡占必驗，不久又悟出測算來意之技法，求測者不必開口，便知其問何事，謂之大成。遂著書立說，詳細介紹理派梅花。

一年時間，輸出三十萬字，整理《梅花筮卦千例集》，出版《梅花六十四講》，參加了安師大的八場考試。次年出版第二本專著《梅花理法講義》，考完專科及本科共二十四門自學考試，從安徽師範大學漢語言專業畢業。不久，考取教師，心理諮詢師等證書。

遭遇網暴

壬寅年庚月，適逢疫情正盛，某次出行被隔離點隔離，忽然想到自己是乙木日干，當下庚月，與官作合，故有隔離一事。之後辛月，七殺攻身，主犯小人，應小心為

是。至辛月，有易友舉行網上比賽，邀我去當評委，欣然應允。

　　由於職業數年，案例眾多，故由我出題，時參賽者數百。彼時我弟子已破百人，數百參賽者中，弟子與學習者已占大半，比例眾多，想當然獲獎者眾多，然則被小人誣陷，稱比賽暗箱操作，獲獎皆為其弟子。一時群情激奮，不得已將題目求測時的截圖盡數發出，以示清白，但不久仍被造謠，被人寫到所謂牛馬榜上。

　　對此嗤之以鼻，並不加以理會，然則情況愈演愈烈，不久有人用我的頭像和名字冒充我到處惹事，以我的身份去故意斷錯卦，以我的身份故意去撩小女生，以我的身份詐騙卦金……不明真相的受害者找到我本人，便是一頓言語辱罵。

　　但這還沒完，不久被開盒。身份信息，電話號碼全被公開，短信轟炸，電話轟炸亦如期而至。

　　有人專門建了一個群，群員達上百人，每到晚上，群主開始發詛咒我的言論，接著上百人一起複製發送，如同百人舉行詛咒盛宴，可這些人壓根互相都不認識。群員著了魔一樣發瘋似的發起詛咒，每天上百人都在進行這種活動，真可謂觸目驚心。

　　當晚失眠，明明無冤無仇，甚至不少還學過我的知識，何以有如此大的惡意。如微風乍起，情緒襲來，忽而想起他們詛咒時的場景，一時驚恐發作，心臟顫抖，瀕死

感將軀體裹攜，如墜地獄。掙紮著從床上爬起，開燈，窗外如死神一般的幽暗。

這是網暴的心理反應導致的軀體症狀，一向覺得自己足夠堅強，正如完顏慧德所言，網暴面前，再堅強的心理防線都能被突破。

也曾看過網暴的新聞。

研究生鄭靈華去看望生病的爺爺，只因女孩把頭髮染成粉色，便被人造黃謠，稱小姐也能考研，更有甚者，叫囂其爺爺趕緊去死，造謠，傳謠，惡意攻擊，鋪天蓋地的流言蜚語襲來，女孩患上嚴重的抑鬱症，苦苦掙紮半年後自殺身亡。

尋親少年劉學洲，幼時被親生父母拋棄，少時養父母意外身故，苦苦尋親，卻找不到愛的歸屬，被大規模網暴後自殺身亡。還有網紅管管，羅小貓貓子……

起先，我並不理解為何流言蜚語能殺人於無形，手機關掉便是淨土。直至自己被輿論裹攜時，才發覺並非如此。正如《殺死一隻知更鳥》所言，「你永遠不可能真的瞭解一個人，除非你穿上他的鞋子走來走去。」同樣，只有你去經歷過，才能體驗到那種心理。

人是有情緒的，當情緒反應遠遠超出心理承受範圍時，由此出現軀體化症狀，而症狀的痛苦遠超人類軀體承受能力，自殺在此時便成了唯一終結痛苦的救贖之道。

共情之下，並未自殺，這種程度的網暴還遠不致死，

删了所有社交軟件，順便把手機卡停下，果然症狀減輕，約摸挨到天亮，漸漸也睡了下去。

辛月後，月令更替，網暴群不久被解散，甚至一切都了無蹤跡，似乎它們從來沒有出現過一樣，但是帶來的傷痛確是切實的。

再遇網暴

生活再度回歸於平淡，當我細細推演生辰八字時，卻又發現命運仍有恩賜。壬年合住月幹丁火，食傷被制，無力克殺，辛月七殺到位，故有網暴，然則癸年沖克食傷丁火，也同樣無力克殺，辛月仍舊七殺到位，是否意味著二三年還要遭遇一次網暴呢……

二十四歲，我開始思考命運的本質。人這一生的命運是由無數個事件組合在一起的，單獨的事件都是可以準確預測其結果的，那麼串聯起來的命運似乎是既定的了。從宏觀上講，對於生辰八字的準確預測似乎也可以說明這一點。但若全然註定，人這一生又有什麼意義呢？

我疑心裡面似乎有某種救贖之道，興許有可以改變命運的方法，但那究竟是什麼？如何才能改變命運？

我並不知道，所以悲劇無可避免地再度發生。

癸卯年辛月，又是七殺到位。為阻止事態惡化，提前聯繫幾位友人，告知此月將有眾人合力誣陷造謠，萬不可

信，無論我之言行，勿必信任。幾位亦滿口應允，我自認做好萬全之策，但命運總能出乎意料之中。

一個十九歲的男孩前來找我問卦，交談之下，得知無工作無學歷，母親出了車禍，肇事者逃之夭夭。分文未取，為其看卦，數年裡已成習慣，至於之後圖書亦低價相贈。但誠如好友之言，「每個人都有免費服務的自由，但沒有不因此而付出代價的自由。」

男孩要我贈書的目的是為了轉賣，轉賣還不夠，還制出了掃描版的 PDF，私下到處售賣。不久有人舉報，證人證據全部擺在他面前時，他仍然矢口否認，直到要報警時，他慌了，連忙訴說自己的苦衷，電話裡是男孩啜泣的聲音。我於心不忍，於是當作沒有發生，自掏腰包買斷了流出的電子書，亦未曾要回贓款。

他自知理虧，把我刪了。不久開了一個群，在裡面四處說我壞話，造謠我給別人洗腦。

其後聽聞子平易老師開了一個微信群，我慕名前去學習，數年裡也曾花費不少時間自悟命理，但仍未開創體系。子平易老師建立了邏輯命理體系，可謂之理法命理。進群之後，交流命盤，於是發出自己的命盤，供人占斷。

秉如實反饋之原則，一一反饋，許是斷卦不太準確，許是其他原因，網名易東的易友，一直對我冷嘲熱諷，儘管一再保持謙卑，強調自己只是學習者，還是換來此人一頓奚落，只好不再言語。

當晚，微信被舉報，不久永久被封禁了微信空間和群功能。然則從未發過任何違禁話語，思來想去，唯有在空間裡發過出售書籍的廣告，卻因此被禁。試圖申訴，一番折騰下來，不僅沒有申訴成功，反倒把微信號丟了，無論如何都登不上去。

　　我忽然慌了，一直以來只有一個微信號，初中，高中，大學的同學和老師，上千位求測者，還有幾位抑鬱症的病友都在這裡。只因一個廣告，就失去了所有人。忽然記起之前那個陰陽我的易友，直覺告訴一定是他搞的。

　　小號進群觀察，果然平時一直活躍的他這天鴉雀無聲，遂艾特進行質問，其人三緘其口，不久還是查明原因：他看到我空間在售書，斷定我是個大佬，來此處刷存在感，心中不滿，所以反手舉報了我。

　　自此之後，再也沒有在空間發佈任何廣告形式的文案，代之以個人感悟居多。但這事並未完結，彼時恰好有黑粉在旁，一通截圖，刻意整理，於是有了新聞，李新耀在微信群鬧事。

　　時至今日，微信大號仍然處於被封的狀態，很多好友也因此聯繫不到。

　　一波未平，又起一波。學員漸多，自有敗筆。師者，所以傳道授業解惑也，故傾囊相授之，並錄視頻以供學習。以而不久，視頻掛賣，課件上傳。傳播者利用小號傳播，難以調查，繼而造謠不講真知，打壓學生，睡女學

員……

　　學生義憤填膺前去對質，被通通踢出，冠之李家門下盡為搞事之徒。轉而在群裡宣傳，一片赤誠，建群實為大家學習，李實在是害群之馬，到處沾惹是非，一時群情激奮。

　　然則至此並未停息。壬寅之際，曾造謠舉辦假賽之人捲土重來，招兵買馬，四處進群抵毀，不僅如此，有人專門寫PDF，名之曰《李新耀賣屎記》。冒充身份招惹道家子弟，以期借刀殺人。

　　如溪水歸淵，人流亦是。不久，眾人相遇，發現全是討伐李之人，倘李是無辜之人，何至於竟犯眾怒，可見其罪大惡極，遂四處搜尋證據黑料。

　　然則並無所謂證據。數年以來，以客戶為中心，學員亦是如此，大凡失誤，必全額退款，未曾取過分文不義之財。至於教學，亦是傾囊相授，遇家境貧寒者，身患重病者來拜師，亦是分文未收。數年間，也曾遇窮苦之人，一律免費測算，時而倒貼予以補助。

　　未有證據，亦未有受害人，然則欲加之罪，何患無辭？不久，朋友全被策反，說好相信卻出爾反爾，許是牆倒眾人推，許是從眾之行，許是當有一劫。亦有所謂朋友，學習之時，處處恭維，一朝學成，過河拆橋。

　　「誰學過李新耀的了？我早就會了。」

　　「這個體系一定是你創立的嗎？不過是文字的堆合，

新華字典是你編寫的嗎？」

「這麼多的知識難道全是你的？就你？」

「……」

這還沒完，他們翻找我以前和他們開玩笑打趣的記錄，刻意截下讓人四處傳播。

於癸卯年辛月辛日子時，七殺月七殺日，第二次網暴來襲。先是群管理員被策反，爆掉一整個千人群，其他人裡應外合，將攻擊者放進群。這些人發瘋一樣發送上千條攻擊言論，觸目驚心。之後短信轟炸，電話騷擾，有人製造視頻傳到網站，嗶哩嗶哩，抖音。開盒，家庭住址，身份證號被人肆意傳播，P圖，故意將身份證上的照片P醜，然後攻擊我的長相……

戀童，渣男，猥瑣，騙錢，嫖娼，寫假書，睡學生……無所不用其極。

當清白之人冠之以騙子的惡名，當一心做學術的學者被造謠成好色之徒，當行善數年被口誅筆伐，當習易數載被竊盡成果，當著書立說誣為欺名盜世，當五術大成之願褪盡色彩，當三觀被震碎……

鄭靈華抑鬱而終，劉學洲含恨而亡，張新偉跳河自盡，失子之母頭七跳樓，羅小貓貓子當眾服毒……死亡是受害者最後的吶喊，清白遠比生命還要可貴。當痛苦遠超於承受能力，死亡竟也成為一種享受。涓涓文字道不完人間情仇，濯濯白紙書不盡世情冷暖。

善無上限，惡無下限。

辛月，抑鬱復發，自殺未遂。壬月，胃病復發，一日只食一餐，軀體化嚴重，開始暴瘦。癸月，臥病在床。適逢二十五歲，繁華正茂，竟臥床不能起身，莫名將自己和無慘相聯繫，轉而羨慕無慘成為鬼王。

向死而生

曾思考卦師的至高境界是什麼？許是把自己算死。

善水者溺於水，善易者死於卜，屠龍者終成龍，救世者滅於世。風水祖師郭璞，漢代六爻京房，民國第一林庚白……都曾蔔出將死之期，至期應驗而終。並非一代宗師，然則亦覺大限將至，寫了遺囑，安了後事，蔔一卦生死，然而竹簽彈飛，不知落在何處，許是神明不告，索然無味，只好聽天由命。

一躺數月，胡思亂想漸多。思考人生，思考命運，思考善惡。回顧人生，堅苦奮鬥，想成為科學家，卻變成算卦先生。兢兢業業，行善積德，卻誣為惡貫滿盈。年富力強的歲月，未老先衰的身體。追求感情，卻遭人背叛，一心學術，落為欺世盜名。

這世界竟如此荒誕！

小人居殿堂之上，萬眾敬仰。君子於汙穢之所，千夫所指。騙子高囊滿盈，誠者窮困潦倒。命運流轉，陰陽不定。

未卜先知卻未能倖免，命運之機終究歸於何方？是風水？是符咒？是化解？是法術？是行善？是隱居？是自殺？

生老病死，愛恨情仇，富貴榮辱，芸芸眾生，六道輪回。

高與下，善與惡，貧與富，死與生，白與黑，小人與君子，謊言與誠信，愛與恨，情與仇，友與敵，師與生，絕望與希望，愚昧與智慧，鮮花與流言。

黑夜是白天的寂靜，白天是黑夜的喧囂。

讀史鐵生的《我與地壇》，讀程浩的《站在兩個世界的邊緣》，讀蔡磊的《相信》，讀李天賜於知乎上的絕筆，讀浙大少年自殺殉道的遺言，讀李開復的《向死而生》……

死亡是一個必然降臨的節日，不必急於赴死。生命休論公道，幸與不幸都需要有人承擔。

破而後立

「雪花消融，暖陽回春，室內仍是寂靜。孤燈殘影，羸弱之軀，難抗正月寒冬。將死之人，臨別贈言，盡訴平生多舛。點開知乎，道盡斷腸之苦，峰迴路轉，穿越時空之言。」

二〇二四年初春，認識了知乎上的一位朋友，李天

賜。他在知乎上更新記錄了自己從患白血病以來的所有情況，累計字數達十萬之多。

日記體形式，我從第一天看起，看到他確診，看到他住院，看到他籌款，看到他進移植倉，看到他換骨髓，看到他排異，看到他急救……看著看著，似乎躺在病床上的是我，似乎全身插滿管子的是我，直到看到最後一次更新，是他父親發出的急救，然後我死了。

死在了謠言下，死在了病床上，死在了這人間，瞳孔也似乎開始擴散。

深吸了一口氣，掙紮著爬起，他死了，我還活著，我還活著？我還活著！我還活著。

披上大衣，窗外是暖人的陽光，這是對生者的恩賜。我活了下來，他們欲置我於死地，卻賜予我新生—不久之後，我悟出了命運之機。財富的秘密，命運的流轉，天道的運行，人道的更替，社會的運行，人生的意義，生死的輪回……

二十一歲那年，我開發出理法梅花。

二十五歲這年，我領悟了人間修行。

「天空的太陽，不會被上潑的墨水染髒，但墨水有一天一定會落到潑墨者的眼中。」

2024 年 3 月 1 日

李新耀於安徽

筆 記 欄

案例一　老人出走

事項：少男占爺爺離家出走，人去哪了？
背景：爺爺生病，從醫院看病回家後從家裡面消失，家人到處找不到。
起卦：時分起卦。
卦名：天火同人之澤火革。

【本卦】	【互卦】	【變卦】	【錯卦】	【綜卦】
天火同人 （離）	天風姤 （乾）	澤火革 （坎）	地水師 （坎）	火天大有 （乾）

用
體

占斷：
1. 此老人兄弟姐妹三人。
2. 人去了東南方向，不必尋找，今晚戌時會自己回來。

反饋：老人兄弟姐妹共三人，後於酉時在東南方向的醫院裡找到。

解法：
1. 凡得卦先定體用，此例少男占爺爺離家出走，主體人物是這個老人，與所求測者少男沒有關

係，即體是老人，用是找老人的這些人。

2. 分好體用，看卦中哪個卦為體，哪個卦為用。乾為爺爺，所以此例主卦上乾為爺爺，下卦離則是用。

3. 乾為爺爺，臨了離卦，離為三，故兄弟姐妹三人。

4. 乾受了離火克制，這裡有兩層意義，一者表示他當下身體不適，一者表示他離家出走，即人不見了，這便是主卦告訴我們的信息。

5. 主卦看完看互卦，主卦告訴我們人不見了，那麼這人怎麼樣了呢？去哪裡了？這是下一階段的事，互卦乾老人坐巽上，巽為東南，老人往東南方向去了，這一階段裡，老人沒有受克，所以人是安全的。

6. 互卦表示吉，已經是結果了，這個卦其實就已經結束了，根本不用看變卦了，可能會有人存疑，那這個變卦什麼意思呢？

7. 互卦告訴我們結果了，變卦這個時候指更久的事了，什麼事呢？回到背景，背景是老人從醫院回來，那麼我們知道這個人是生病的，這個變卦是不是告訴我們這個老人的病呢？體兌受離火克，這個是凶的，占後數月，於年底該老人重病去世。

案例二　回家應期

事項：自占什麼時候能到家？

背景：剛坐上車，因疫情影響，時間未知，故自占之。

起卦：電腦隨機。

卦名：火山旅之天山遯。

【本卦】	【互卦】	【變卦】	【錯卦】	【綜卦】
火山旅 （離）	澤風大過 （震）	天山遯 （乾）	水澤節 （坎）	雷火豐 （坎）

用

體

占斷：必於當天酉時至家。
反饋：果於酉時到家。
解法：

1. 主卦火山旅，旅者，旅途也，表示人在旅途中，離為心為想，艮為家，心裡想著家。
2. 艮為家為用，則上卦離火為體，體離生艮，艮為家，體生什麼就代表體在想什麼，這也是判斷來意的方法之一。
3. 主卦表示的信息是人在旅途中想家，那麼下一步的信息就是互卦了，互卦裡兌卦為體，兌坐酉合巽中之辰土，相合表示回家了，這個巽又為長年女人，那麼家裡面的長年女人，自然就表示母親。兌為酉，即應於酉時到家。
4. 後於酉時初下車，手機沒電，尋一商店充電，商店裡只有一個老婦人看門，巧合的是這個老婦人雙腿有傷拄著拐杖，應是巽受克之故，兌為傷，為金克之。
5. 變卦天山遯，不久再次離家之象。

案例三　女占感情

事項：女占感情。

背景：一女生問能否和對方交往，問對方多大年齡，回答四十。

起卦：電腦隨機。

卦名：天水訟之澤水困。

【本卦】	【互卦】	【變卦】	【錯卦】	【綜卦】
天水訟（離）	風火家人（巽）	澤水困（兌）	地火明夷（坎）	水天需（坤）

用
體

占斷：對方已婚，而且已有孩子，是個男孩，不算小，已有些歲數了，而且可能還有一個女孩，所以交往的這個事想都不要想了。

反饋：男方確實已婚，有一個兒子十幾歲，女兒的話不清楚。

解法：

1. 定體用。四十歲的男的定坎卦不合適，故定乾為用，為這個男的，上乾為用，則下坎表示體，表示這個女卦主。
2. 乾為用，為父，故知此男子已為人父，互見風火家人，結合卦名知其已有家庭。
3. 乾生了坎，坎為男，故知男方不但有家庭，還有兒子，乾動化兌，但兌金受坎泄，兌為小女孩，故斷其可能還有一個小女兒。
4. 信息看到這裡其實就沒有必要再斷下去了，勸其最好不要插足，不然反倒應天水訟，訟卦為官司，為口舌，為是非。
5. 此例實則不應該對其進行勸說，恐有改他人因果之弊，只斷其不能交往足矣。

案例四　手機丟失

事項：一女問手機丟失能否找到。

時間：2021 年 5 月 6 日 15 時 48 分。

四值：辛丑年癸巳月甲寅日壬申時。

起卦：方法未知。

卦名：水山蹇之澤山咸。

	【本卦】	【互卦】	【變卦】	【錯卦】	【綜卦】
	水山蹇 （兌）	火水未濟 （離）	澤山咸 （兌）	火澤睽 （艮）	雷水解 （震）

用

體

占斷：此物被偷，找不回來了。

反饋：該女子去洗衣店洗衣服，手機放在衣服裡面，衣服放到三輪車上，洗好後發現手機丟失，一直未找到。

解法：

1. 手機為離卦，此主卦變卦均不現離，唯互卦見之，以互離定手機。
2. 此時注意離卦左邊有坎來克，且又坐下為坎，坎又為賊，克了離卦，故斷其手機必然被偷，且不止一人，兩坎克之，可能是兩個人。離卦弱極，必然丟失找不回來了。
3. 主卦的坎為賊，臨了艮，艮為手，坎為黑，故第一個人動的黑手，手機被此人所偷。互坎上見離，離為眼睛，故第二個人負責觀察放風。
4. 注意本例主卦艮克坎，坎為洗衣店，又可以表示之前卦主去洗衣一事。

案例五　感情複合

事項：女問複合。
時間：2021年5月17日，10時39分。
四值：辛丑年癸巳月乙丑日辛巳時。
起卦：時間起卦。
卦名：雷澤歸妹之火澤睽。

【本卦】	【互卦】	【變卦】	【錯卦】	【綜卦】
雷澤歸妹	水火既濟	火澤睽	風山漸	風山漸
（兌）	（坎）	（艮）	（艮）	（艮）

用
體

占斷：

1. 女生喜歡男的，但是男的已經不喜歡女生了，因為女生非常容易生氣，說一些氣話。
2. 在去年夏天的時候，女生分手過或者破財。
3. 目前的這個感情是在今年農曆二月份在一起的。
4. 雖然分手了，但是男生目前還是單身狀態，不過網上有女生在聊。
5. 這個男生是老大，家裡兄弟姐妹兩個。

6. 男生左腳曾經受過傷。

7. 複合不了。

反饋：全部應驗，不過男生受傷的事她並不清楚。

解法：

1. 本例為象理結合所斷，女生問複合，故定震為此男，則兌為此女。

2. 兌體克震，在感情上，克的人往往喜歡糾纏，佔有欲強，被克之人自然感覺不舒服，兌為嘴巴為說，震為怒，故女生喜歡講氣話。震為卯，為農曆二月，體克用表示得到，所以是農曆二月時得到男生，與男生相處。

3. 兌為二，震為長子，故斷男生兄弟姐妹二人，且排行老大。

4. 互坎用克離，離為網，所以男方在網上有和別的女生聊。

5. 變離剋體，感情無法複合，離又為午，故斷去年午月破財或是分手。

案例六　老人生病

事項：男占爺爺病。
起卦：方法未知。
卦名：地風升之雷風恒。

	【本卦】	【互卦】	【變卦】	【錯卦】	【綜卦】
	地風升	雷澤歸妹	雷風恒	天雷無妄	澤地萃
	（震）	（兌）	（震）	（巽）	（兌）

用
體

占斷：

1. 此老人兄弟姐妹五個。
2. 此病是胃病或是腿病，若占前者大凶，占後者無事。
3. 反饋胃癌，則本月卯日應大凶。

反饋：老人兄弟姐妹五人，胃癌住院，後於卯日嚴重，辰日去世。

解法：

1. 乾為老人，無乾定震，震為體，則巽為用。
2. 主卦坤為體，為胃，坐巽木受克制，又受互震之克，動而化震，又受克，三次受克，故占胃病大凶。互震受兌克，故又有腿病。
3. 主互變皆有克坤之卦，此病危矣。卯日再來一克，故卯日嚴重，辰日為坐下巽木，故辰日去世。
4. 大凡占病，體受克即生病，哪裡受克表示哪裡生病，此處主卦坤受克，故胃病。

案例七　全家安康

事項：四十歲左右女占全家人身體健康。
時間：2021 年 5 月 17 日 21 時 6 分。
四值：辛丑年癸巳月乙丑日丁亥時。
起卦：電腦隨機。
卦名：澤山咸之澤地萃。

	【本卦】 澤山咸 （兌）	【互卦】 天風姤 （乾）	【變卦】 澤地萃 （兌）	【錯卦】 山澤損 （艮）	【綜卦】 雷風恒 （震）
體					
用					

解法：

1. 挨個找體。互卦巽是她本人，巽受上乾克，巽為腰腿，故腰腿疼，睡覺不好。艮為兒子，卦中沒有被克，但有兌金泄之，兌為刀，斷以前有過手術，反饋實是。乾為老公，無克，故老公沒問題。
2. 艮為兒子，臨兌為二，直讀家裡兩個小孩。
3. 坤是老母，臨兌泄之，讓她注意今年老人生病。
4. 本例卦主一卦問全家人身體健康，則需要將一家人的體挨個定位，再逐一分析，屬一卦多斷，並不建議新手一卦多斷，難度較大，準確率也不是很高。

案例八　婚姻感情

事項：女占婚姻能否白頭偕老。
時間：2021 年 5 月 18 日 9 時 43 分。
四值：辛丑年癸巳月丙寅日癸巳時。
起卦：電腦隨機。
卦名：山天大畜之山火賁。

	【本卦】	【互卦】	【變卦】	【錯卦】	【綜卦】
	山天大畜 （艮）	雷澤歸妹 （兌）	山火賁 （艮）	澤地萃 （兌）	天雷無妄 （巽）

體
用

占斷：
　　1.斷其老公那方於 19 年有男性長輩去世。
　　2.倆人感情一般，容易發生爭吵，可以白頭。
反饋：實際一九年老公父親去世。

案例八　婚姻感情　047

解法：
1. 此卦用象法解則非常容易，首先乾為父，在艮土下面，墳埋老人，乾為九，為一九年，又乾卦空亡，空亡主人死，故一九年公公辭世。
2. 艮為家，乾為圓滿，直讀家庭圓滿，離為紅火，直讀家門紅火，故可白頭到老。
3. 此例占婚姻卻顯老人去世者，乃是信息全息之故，還應注意空亡的應用，人空表示人死，失蹤，不見，躲藏，物空則表示失物，空心等等，貴在靈活運用。

案例九　下雨應期

事項：自占何時下雨？
時間：2021 年 5 月 28 日 16 時 11 分。
四值：辛丑年癸巳月丙子日丙申時。
起卦：電腦隨機。
卦名：艮之蠱。

	【本卦】	【互卦】	【變卦】	【錯卦】	【綜卦】
	艮為山（艮）	雷水解（震）	山風蠱（巽）	兌為澤（兌）	震為雷（震）

占斷：斷辰日雨。
反饋：後於辰日未時雨。
解法：

1. 互坎為雨，受上震木耗泄，左艮土克制，右巽木之泄，虛弱之極，唯至辰日時，坎水入辰土之墓，入墓為躲避之意，震巽木難以耗泄，故應辰日之雨。

2. 此例另一觀點為象法，以上艮為止，巽木為辰巳，止於辰，故應辰日。

案例十　身體健康

事項：女占自己父親有沒有得癌症。
時間：2021 年 6 月 3 日 7 時 46 分。
四值：辛丑年癸巳月壬午日甲辰時。
起卦：電腦隨機。
卦名：天山遯之天火同人。

	【本卦】	【互卦】	【變卦】	【錯卦】	【綜卦】
	天山遯 （乾）	天風姤 （乾）	天火同人 （離）	地澤臨 （坤）	雷天大壯 （坤）
體					
用					

占斷：沒有癌症，但是有炎症。
反饋：檢查後果如所測，慢性胃炎。
解法：

1. 艮為癌症，乾為父，艮來生體，沒有癌症，艮化離，離剋體，離為炎症，故無癌症而有炎症。
2. 乾為肺，其錯卦為坤，坤為胃，故為胃炎或肺炎。

案例十一　女子射覆

事項：射覆，女手拿一物。

時間：2021 年 8 月 13 日 16 時 44 分。

四值：辛丑年丙申月癸巳日庚申時。

起卦：電腦隨機。

卦名：風火家人之山火賁。

【本卦】	【互卦】	【變卦】	【錯卦】	【綜卦】
風火家人 （巽）	火水未濟 （離）	山火賁 （艮）	雷水解 （震）	火澤睽 （艮）

用

體

占斷：此物必是水杯。

反饋：粉色水杯（內有大瓶水）。

解法：

1. 巽臨日辰，表示當日之事，巽為體，坐下離卦，離為中空之物。
2. 互卦見離又坐坎，坎為水，中空有水之物，必為水杯。

　　離為紅，為粉，故為粉色水杯。

案例十二　手機被偷

事項：列車上，一女手機被偷，問能否找回？
時間：2021 年 11 月 2 日 16 時 06 分。
四值：辛丑年戊戌月甲寅日壬申時。
起卦：電腦隨機。
卦名：澤火革之水火既濟。

【本卦】	【互卦】	【變卦】	【錯卦】	【綜卦】
澤火革	天風姤	水火既濟	山水蒙	火風鼎
（坎）	（乾）	（坎）	（離）	（離）

用

體

占斷：必然可以找回來。

反饋：查監控發現是被一個 50 多歲的男的偷了，後於本時辰內找回。

解法：

1. 兌為少女為體，離為手機，坎為盜賊。
2. 坎克離，為盜賊偷手機之事。
3. 互乾比兌體，為官方人員出馬幫此女之事。
4. 離克兌，兌為缺，為女丟失手機之事。
5. 乾克巽，為官方人員找到此手機之事。

案例十三　婚姻感情

事項：女占和老公感情發展如何。
時間：2021年8月15號14時22分。
四值：辛丑年丙申月乙未日癸未時。
起卦：電腦隨機。
卦名：水地比之澤地萃。

	【本卦】	【互卦】	【變卦】	【錯卦】	【綜卦】
	水地比 （坤）	山地剝 （乾）	澤地萃 （兌）	火天大有 （乾）	地水師 （坎）

用
體

占斷：

1. 坤為卦主，為母，所以卦主已經是母親了，為柔順，為操勞，所以卦主能幹活，在家裡孝順父母。

2. 坎為老公，坎主色，主賭，坤克坎，對他不滿意，不喜他這個情況，兌為老公的另一面，以前男的會說話，哄人，現在變了。

3. 兩人結婚或訂婚應是一七一六這兩年，且孩子是女孩。

4.母親或本人手術過。

反饋：一七年相識，一八年訂婚，一九年剖腹產一女兒，目前老公嗜賭成性。

解法：

　　　1.坤為體，臨兌為刀，坤為腹，故腹部手術。

　　　2.坤為體，臨兌為女兒，坤為母，故已有一女兒，且為剖腹。

　　　3.兌表示坎之變用，為老公，為酉，為一七，坤體生之，旺象，表示在一起，故斷一七結婚，（實為一七處對象）。

　　　4.坎為老公，坎主賭博。

案例十四　事業姻緣

事項：八二年女占何時找到工作及姻緣。

時間：2022 年 10 月 5 日 16 時 46 分。

四值：壬寅年己酉月辛卯日丙申時。

起卦：電腦隨機。

卦名：天雷無妄之天澤履。

	【本卦】	【互卦】	【變卦】	【錯卦】	【綜卦】
	天雷無妄	風山漸	天澤履	地風升	山天大畜
	（巽）	（艮）	（艮）	（震）	（艮）

體
用

占斷：

1. 工作這方面目前這個月已經在積極的找了，而且有在連絡人了。
2. 過了國慶節之後，農曆 10 月份就可以找得到工作。
3. 小時候或之前四肢受過傷。
4. 12 年有過入職，14 年的時候工作變動有過離職。
5. 到 17 年的時候也有過入職。
6. 在今年和明年這兩年的時候也容易離職且今年也會有新入職。

案例十四　事業姻緣

7. 在工作中往往找不到如意的工作，只能找一個看上去還行的湊合，而且一旦做久了就容易發脾氣和領導鬧矛盾。
8. 2024與2026兩年能遇到貴人，工作方面會有進步，24年開始慢慢好起來。
9. 2023年～24年能找到結婚對象，年齡可能相差四歲。

反饋：目前發生全對。

解法：

1. 兌為體，乾為公司為工作為用，兌為問，為求，乾為領導，兌為酉，故本月已經積極找工作了。
2. 兌為酉，為一七年，為22年，乾為工作，比助，故一七年及22年均有工作入職。
3. 乾為一，震為四，為一四年，無妄為災，震木為動，應工作變動失業。
4. 震為四肢受克，故以前受過傷。
5. 今年寅年受乾克，又為金之絕地，今年流年不利，也會失業，但兌金比助，失業又會找到工作，戌亥月應事。
6. 看感情再換震為用，乾為體，兌為二，震為四，為卯2023年卯年，2024年這兩年必然找到對象。
7. 此例不斷換體用以解決一卦多占之事。

案例十五　婚姻應期

事項：八七年男占何時結婚。
時間：2022年10月5日23時6分。
四值：壬寅年己酉月壬辰庚子時。
起卦：電腦隨機。
卦名：地風升之地山謙。

【本卦】	【互卦】	【變卦】	【錯卦】	【綜卦】
地風升 （震）	雷澤歸妹 （兌）	地山謙 （兌）	天雷無妄 （巽）	澤地萃 （兌）

體
用

占斷：

1. 目前還單身，在17年或者15年的時候這兩年，感情上有過分手，感情失敗。
2. 10年前，12年13年的時候，這兩年也同樣感情失敗的事。
3. 在17年的時候還有過工作變動，或者說居住地變動的事情，且17年容易招小人。
4. 在15年時是有女人的或是與女人上床之事。
5. 在2024～2025年會遇到結婚的對象，宜把握之。

解法：

1. 以互震為體，受克，目下沒有對象，受兌克之，兌為小人，為一七年，又為女人，故一七年招小人，且與女子分手。

2. 主卦坤體受巽克制，巽為女子，為辰巳之年，為2012，2013年，故這兩年也感情失敗，分手。

3. 坤為床，巽為女，為入，為一五年，故一五年又有女人。

4. 艮為七，坤錯卦為乾，天山遯，直讀一七年，遯為隱遯，遯去，且艮又沖坤體，一七年必然多變動。

5. 巽為辰巳，克坤女，到2024～2025年有女人緣，此時姻緣至。

案例十六　親人病危

事項：女占母病危。

時間：2021 年 9 月 17 日 9 時 0 分。

四值：辛丑年丁酉月戊辰日丁巳時。

起卦：電腦隨機。

卦名：水雷屯之澤雷隨。

【本卦】	【互卦】	【變卦】	【錯卦】	【綜卦】
水雷屯	山地剝	澤雷隨	火風鼎	山水蒙
（坎）	（乾）	（震）	（離）	（離）

用

體

占斷：

1. 此卦應矣，互坤為母，臨艮為止，人已不能動了。上爻為陽爻，上爻為頭，其餘皆陰爻。又主卦坎為病，震為頭，頭上之病。實為顱內出血。

2. 互艮雖比助體，但坤土受左右震木夾克，震木又有坎生，坤卦俱無生氣，必死之疾，後反饋次日離世。

案例十七　寵物抓傷

事項：自占被貓抓傷。
時間：2021年9月30日19時53分。
四值：辛丑年丁酉月辛巳日戊戌時。
起卦：電腦隨機。
卦名：雷澤歸妹之兌為澤。

	【本卦】	【互卦】	【變卦】	【錯卦】	【綜卦】
	雷澤歸妹 （兌）	水火既濟 （坎）	兌為澤 （兌）	風山漸 （艮）	風山漸 （艮）

用

體

占斷：

1. 震為體，為四肢，為手，居主卦為左，兌為爪子，剋體，左手受傷明顯。
2. 互體坎剋離，沒有事，震體動化回頭剋，但見坎水通關，均為吉，故此無事也。
3. 後未打疫苗，貓也未打疫苗，均無事發生。

060　卦筮精選

案例十八　落筷兆應

事項：男占吃飯的時候，筷子掉了三次，隨後又斷一根，兆應如何？

時間：2021年10月17日21時17分。

四值：辛丑年戊戌月戊戌日癸亥時。

起卦：電腦隨機。

卦名：天山遯之天風姤。

【本卦】	【互卦】	【變卦】	【錯卦】	【綜卦】
天山遯	天風姤	天風姤	地澤臨	雷天大壯
（乾）	（乾）	（乾）	（坤）	（坤）

體
用

解法：

1. 巽為木，為筷子，受乾克，受克表示筷子斷，乾為一，故應折斷一根。
2. 艮為體，生乾，乾為戌亥，斷其次日亥日必破財。

反饋：果於次日聚會破財，不久其女友又向其要了幾百塊錢。

案例十九　來電應期

事項：女占何時來電？
時間：2021 年 10 月 17 日 22 時 03。
四值：辛丑年戊戌月戊戌日癸亥時。
起卦：電腦隨機。
卦名：澤火革之雷火豐。

【本卦】	【互卦】	【變卦】	【錯卦】	【綜卦】
澤火革 （坎）	天風姤 （乾）	雷火豐 （坎）	山水蒙 （離）	火風鼎 （離）

用
體

占斷：亥時來電。
反饋：後於當日子時來電。
解法：
  1. 離為電，兌為缺，主卦直讀缺電，意即停電之意。
  2. 變卦兌化震，震為動，直讀動電，意即通電之意。互乾飛變卦上，乾為亥，直讀亥時來電，然不知何以應子時，疑為沖離之故。

062　卦筮精選

案例二十　舅舅身體

事項：男占舅舅病。

時間：2021年10月18日22時16分。

四值：辛丑年戊戌月己亥日乙亥時。

起卦：電腦隨機。

卦名：乾為天之天火同人。

	【本卦】	【互卦】	【變卦】	【錯卦】	【綜卦】
	乾為天（乾）	乾為天（乾）	天火同人（離）	坤為地（坤）	乾為天（乾）

體
用

占斷：此病危矣，必是乾部之疾，乾為頭，肺，腸，恐活不過本月。

反饋：腸癌加肝癌，後於戊亥之月卒。

解法：

1. 下乾為體，為舅舅，動而化離火克之，乾之疾無疑，乾為頭，腸，肺。

2. 卦中無一點制離火之卦，全以乾體硬抗，老人豈能長久？乾坐戌亥，故戌亥月必死。若夏天占之，許之即死。

案例二十　舅舅身體

3.本例還有一占，見下。

事項：男占舅舅病。

時間：2021年10月18日22時7分。

四值：辛丑年戊戌月己亥日乙亥時。

起卦：電腦隨機。

卦名：水火既濟之水雷屯。

【本卦】	【互卦】	【變卦】	【錯卦】	【綜卦】
水火既濟 （坎）	火水未濟 （離）	水雷屯 （坎）	火水未濟 （離）	火水未濟 （離）

體
用

占斷：此病大凶，必是肝部之疾，恐為肝癌。

反饋：腸癌加肝癌，後於戌亥之月卒。

解法：

1. 坎為病，震為體，坎中子來刑卯，患病之象，震為肝，故為肝病。

2. 震化離體，受坎水來克，故為大凶。動化回頭泄，也是凶象。

案例二十一　　銀行貸款

事項：男占去銀行辦理貸款能不能貸到？
時間：2021 年 10 月 18 日 8 時 12 分。
四值：辛丑年戊戌月己亥日戊辰時。
起卦：時分起卦。
卦名：地雷複之地澤臨。

	【本卦】	【互卦】	【變卦】	【錯卦】	【綜卦】
	地雷複 (坤)	坤為地 (坤)	地澤臨 (坤)	天風姤 (乾)	山地剝 (乾)

體
用

占斷：可以貸到。
反饋：貸到。
解法：

1. 震卦為貸款的人，上面的坤是銀行，主卦體克用，變卦用生體，所以可以貸到。
2. 此卦卦名為複，主多次反復之意，震動化兌，行動缺乏，只有積極去做才有希望成事。

案例二十二　王者榮耀

事項：男占王者榮耀輸贏？

時間：2021年10月21日16時16分。

四值：辛丑年戊戌月壬寅日戊申時。

起卦：電腦隨機。

卦名：風澤中孚之天澤履。

【本卦】	【互卦】	【變卦】	【錯卦】	【綜卦】
風澤中孚	山雷頤	天澤履	雷山小過	風澤中孚
（巽）	（巽）	（艮）	（兌）	（艮）

用

體

占斷：此必然贏。

反饋：贏。

解法：巽為五人，為對方，兌為己方，體克用之故，贏之。

066　卦筮精選

案例二十三　流年運程

事項：40歲女問卦。

時間：2018年。

四值：戊戌。

起卦：報數起卦（5，6，1）。

卦名：風水渙之風澤中孚。

	【本卦】	【互卦】	【變卦】	【錯卦】	【綜卦】
	風水渙 （離）	山雷頤 （巽）	風澤中孚 （艮）	雷火豐 （坎）	水澤節 （坎）
體					
用					

占斷：

1. 互艮為七，艮為房子，震為動，一七年家裡有裝修或翻蓋房子之事，反饋該年蓋房。
2. 震為四，為長男，艮為墳，一四年家裡有父輩老人過世，反饋大爺去世。
3. 巽為長女，受兌克，兌為酉，一七年家裡還有女人受傷，傷到腿腳，反饋因蓋房子母親受傷。
4. 巽為5，兌為2，互卦震為成，艮為家，25歲時結婚，反饋25歲結婚。
5. 一六年丙申，一七年丁酉，申酉金太歲剋體，一六年，一七年均不順，反饋生意差。

案例二十四　新冠感染

事項：女占是否被傳染上新冠了？
時間：2021 年 10 月 26 日 21 時 50 分。
四值：辛丑年戊戌月丁未日辛亥時。
起卦：電腦隨機。
卦名：澤水困之澤地萃。

	【本卦】	【互卦】	【變卦】	【錯卦】	【綜卦】
	澤水困 （兌）	風火家人 （巽）	澤地萃 （兌）	山火賁 （艮）	水風井 （震）

占斷：此必然無事矣。
反饋：果然核酸陰性。
解法：兌為少女為體，坎為病毒，泄之，但坎動受坤克，坤又生體，無礙，兌為肺，故沒有傳染新冠。

案例二十五　作家稿費

事項：女占稿費什麼時候到賬。
時間：2021 年 6 月 17 日 22 時 01 分。
四值：辛丑年甲午月丙申日己亥時。
起卦：電腦隨機。
卦名：坤為地之雷地豫。

	【本卦】	【互卦】	【變卦】	【錯卦】	【綜卦】
	坤為地	坤為地	雷地豫	乾為天	坤為地
	（坤）	（坤）	（震）	（乾）	（坤）

用

體

占斷：此應於酉日到。
反饋：後竟戌月酉日方至，疑之存例。
解法：坤體受震木之克，至戌月合住震卦，不克則應吉，為稿費到賬。

案例二十六　疾控中心

事項：自占從河南回來後，疾控中心的打電話給我何事。

時間：2021 年 11 月 4 日 11 時 51 分。

四值：辛丑年戊戌月丙辰日甲午時。

起卦：電腦隨機。

卦名：雷山小過之火山旅。

【本卦】	【互卦】	【變卦】	【錯卦】	【綜卦】
雷山小過	澤風大過	火山旅	風澤中孚	雷山小過
（兌）	（震）	（離）	（艮）	（兌）

用

體

案例二十六　疾控中心

占斷：次日必有四人來家，且有警察，來家目的是讓我做核酸或者打疫苗。

反饋：果於次日申日二男二女至家，其中一男身穿警服，讓我去指定醫院做核酸。

解法：

1. 離為電話，艮為體，離為午時，變卦即午時疾控中心電話一事，且聽聲音為中年女子。
2. 主卦震為四，為警察，剋體艮，艮又為家，震為動，故四人至家，且有警察。
3. 主卦應近，故為次日。
4. 兌為口，巽為棉簽，互卦兌上巽下故為做核酸檢查之事。
5. 震木剋體為凶，但見離火化之，又為午時所占，故克亦無妨。

案例二十七　離婚應期

事項：男占什麼時候離婚。

時間：2021 年 11 月 9 日 18 時 51 分。

四值：辛丑年己亥月辛酉日丁酉時。

起卦：時間起卦。

卦名：天火同人之天雷無妄。

	【本卦】	【互卦】	【變卦】	【錯卦】	【綜卦】
	天火同人 （離）	天風姤 （乾）	天雷無妄 （巽）	地水師 （坎）	火天大有 （乾）

體

用

占斷：

1. 卦主比女方年齡大，應當是大三歲或者大四歲。

2. 離婚的原因主要是女方出軌了，出軌的這個人年齡是 41 歲。

3. 卦主在一二年結婚，結婚當天女方穿的白色的婚紗，當天天氣晴朗有風。

4. 女方爺爺早逝。

5. 兩人性生活不和諧，而且男方和女方早就沒有

案例二十七　離婚應期

感情了。
6. 婚後的生活兩人經常吵架，而且男方沒有好好照顧女方，甚至動手動粗。
7. 男方太自以為是，心高氣傲，以自我為中心太強。

反饋：全部應驗，女方出軌的人年齡未知。

解法：

1. 乾為男方，離為女方。
2. 離化震男，震為綠，乾為帽子，直讀綠帽。起卦時辰丁酉時，丁為三，酉為小，直讀小三。
3. 乾為年長，離為三，震為四，故年長三歲或四歲，實際男子 39 歲，女方 36。
4. 乾克互巽表示結婚，巽為辰巳，辰年一二，故一二年結婚。
5. 乾為粗暴，為武力，震為動，故男方動粗。
6. 乾為性，離火克之，故性生活不和諧。
7. 乾為爺爺，見離克之，離為女方，故女方爺爺早逝。
8. 震為出軌男方，震為四，乾為一，故出軌男方年齡可能是 41 歲。
9. 離火剋體乾，所以離不了婚。

案例二十八　射覆姓氏

事項：占一群友姓氏。

時間：2021 年 11 月 11 日 18 時 18 分。

四值：辛丑年己亥月癸亥日辛酉時。

起卦：電腦隨機。

卦名：火雷噬嗑之天雷無妄。

	【本卦】	【互卦】	【變卦】	【錯卦】	【綜卦】
	火雷噬嗑 （巽）	水山蹇 （兌）	天雷無妄 （巽）	水風井 （震）	山火賁 （艮）

體

用

占斷：必然姓趙。

反饋：果為趙姓。

解法：震為走，離為乂，故為趙，主卦示之。

案例二十九　　射覆數字

事項：射覆，女問去藥店拿藥花了多少錢。

時間：2022 年 10 月 31 日 15 時 02 分。

四值：壬寅年庚戌月丁巳日戊申時。

起卦：電腦隨機。

卦名：山風蠱之山水蒙。

	【本卦】	【互卦】	【變卦】	【錯卦】	【綜卦】
	山風蠱 （巽）	雷澤歸妹 （兌）	山水蒙 （離）	澤雷隨 （震）	澤雷隨 （震）

體
用

占斷：六百多。

反饋：六百四十八。

解法：

1. 巽為體，為入，艮為藥店，直讀入藥店，巽為辰巳，故為當日應事。
2. 變卦坎體受克，艮藥店克坎，藥店得六百，故自己花六百。
3. 卦象為總體模擬，餘數無關僅要，故不現亦。

案例三十　感情姻緣

事項：女占和一男的還有緣分嗎。
時間：2020 年。
四值：庚子。
起卦：電腦隨機。
卦名：雷風恒之雷山小過。

	【本卦】	【互卦】	【變卦】	【錯卦】	【綜卦】
	雷風恒	澤天夬	雷山小過	風雷益	澤山咸
	（震）	（坤）	（兌）	（巽）	（兌）

占斷：

1. 你目前在猶豫這段感情還要不要繼續，猶豫的原因是男方已經成家了，家中有兒有女。
2. 卦主在今年農曆正月或是三月和此男相處的，這個男的是領導層，有事業心，吸引卦主。
3. 卦主也是領導層人物，是一五年入職的公司，目前擔任管理層，且必然是副職。
4. 倆人感情必然是沒有希望了。

反饋：男方果然是已婚，且兒女雙全，與卦主同一家公司，卦主一五年入職，今為副經理，目前男的已提分手。

解法：

1. 巽為體，為猶豫，表示女方當下的心理狀態。
2. 震為此男，臨艮，艮為家，艮為兒子，互兌為女兒。
3. 巽為農曆三月，艮為正月，故應在正月或三月相處。
4. 震為男方，為動，為事業，為領導，艮為山，男人在山上，故事業心強，是領導。
5. 巽為女方，求測時為酉時，克我者為官，故女方也有官職，酉為七殺偏官，故為副職。
6. 一五年未土，木墓於未，入墓即為入職，且巽為五，為合同，震為動，直讀一五年動了合同，意即入職。
7. 變卦小過，背對背之象，故必然走不到一起，無法長久。

案例三十一　新冠疫情

事項：新冠病毒何時消失。

時間：2019 年。

四值：己亥。

起卦：電腦隨機。

卦名：雷水解之雷澤歸妹。

	【本卦】 雷水解 （震）	【互卦】 水火既濟 （坎）	【變卦】 雷澤歸妹 （兌）	【錯卦】 風火家人 （巽）	【綜卦】 水山蹇 （兌）
體					
用					

占斷：

1. 震為東方，為中國，臨坎為病毒，坎為子，震為爆發，故子年必爆發。
2. 坎病毒化兌生之，兌又克震，兌為二，震為爆發，病毒必然二次爆發，兌為秋，為二，必然應明年秋天或是2022年秋天。
3. 震為武，坎為漢，直讀武漢。震為上，坎為海，直讀上海，互坎為河，離為南，直讀河南。震為廣，兌為西，直讀廣西。故此處等為重點區域。
4. 兌為用剋體，必久而不散。
5. 子年嚴重，丑年稍減，寅年再嚴重，卯年稍減，辰年消退，巳午年大好。

080　卦筮精選

案例三十二　姓名解卦

事項：無事項。

背景：QQ群一女報其姓名，心動占之。

時間：2022年10月31日15時38分。

四值：壬寅年庚戌月丁巳日戊申時。

起卦：姓名起卦。

卦名：離為火之山火賁。

	【本卦】	【互卦】	【變卦】	【錯卦】	【綜卦】
	離為火（離）	澤風大過（震）	山火賁（艮）	坎為水（坎）	離為火（離）
用					
體					

占斷：

1. 十三歲喜歡同班一前排男生。
2. 十七歲處對象。
3. 十六歲學業變動或外出家鄉。
4. 六年級或十六歲當選班級幹部。
5. 一七年家裡有裝修。
6. 一九年，二〇年有對象，且運勢差。
7. 二十一歲，二十二歲運勢會上升。

案例三十二　姓名解卦

8.二十三歲會參加工作。

反饋：十三歲喜歡班裡同學，十七處對象，十六歲離家去市里讀高中，當副班長，一九年，二〇年生病住院，今年二十歲，往後待驗。

解法：

1. 姓名卦為命卦，以乾為一歲，十一歲，二十一歲，三十一歲等類推，兌為二歲，十二歲，二十二歲等，以此類推。
2. 變卦離為十三歲，生艮，艮為少男，故十三歲喜歡一男生，艮上離下，男生坐在前排。
3. 艮為十七歲，離火生之，十七歲處對象。
4. 坎為十六歲沖體離，十六歲外出。
5. 坎克離為官鬼，坎為亥子，所以一九年二〇年生病。
6. 艮為七，為一七年，離為裝修，艮為房子，一七年房子裝修。
7. 主卦離為三，取二十三歲，比助用離工作，二十三歲當有工作。

案例三十三　女占生孕

事項：36歲女問生男生女。

時間：2019年7月30日。

起卦：方法未知。

卦名：艮為山之山風蠱。

【本卦】	【互卦】	【變卦】	【錯卦】	【綜卦】
艮為山	雷水解	山風蠱	兌為澤	震為雷
（艮）	（震）	（巽）	（兌）	（震）

體
用

解法：

1. 三十六的女人，卦中用巽作為體，變卦是結果，上艮為男，所以必然是個男孩。

2. 主卦表示過去，艮為墳，為男孩，所以打掉過一個男孩。反饋打過，但不知性別。

3. 定互坎為老公，變卦巽為五，所以25歲婚動。反饋25歲訂婚，但是後來對方出軌，遂分。

4. 什麼時候結婚？定互震為老公，下坎為六，所以36歲結婚，已知卦主今年36，所以今年結的，反饋正確。
5. 以坎為卦主本人，上震為長子，所以36歲也是生男的象。
6. 孩子以後什麼情況呢，定艮為這個孩子，艮為七，變卦巽為自行車，剋體，所以七歲孩子有車禍，應注意。
7. 艮為脾胃受剋，所以孩子脾胃也不好。

案例三十四　少女問卦

事項：十六歲女問卦。
時間：2019 年 7 月 30 日。
起卦：方法未知。
卦名：雷火豐之雷天大壯。

	【本卦】	【互卦】	【變卦】	【錯卦】	【綜卦】
	雷火豐	澤風大過	雷天大壯	風水渙	火山旅
	（坎）	（震）	（坤）	（離）	（離）

解法：

1. 離為體，上震為男，木生火，所以有男生追，震坐支卯，所以今年春天農曆二月份有男生追，反饋正確。
2. 乾父上卦，所以斷下父親的情況，震為四，所以父親兄弟姐妹四個，反饋正確，震為父親的性格，脾氣大，易發火，衝動。

3. 斷下卦主兄弟姐妹幾個，定離為體，上艮為獨，所以是獨生女，反饋錯，不是獨生女。重新審卦，離為三，所以兄弟姐妹三個，反饋正確，兄弟姐妹仨。

4. 卦主又問感情，主卦離為三，23 歲就結婚了，（已知其初中學歷）24 歲震為手，離為女，所以 24 歲得一女兒，待驗。

案例三十五　射覆行為

事項：射覆，22歲男問他在幹什麼。
時間：2019年。
四值：己亥。
起卦：方式未知。
卦名：山地剝之山水蒙。

	【本卦】	【互卦】	【變卦】	【錯卦】	【綜卦】
	山地剝	坤為地	山水蒙	澤天夬	地雷複
	（乾）	（坤）	（離）	（坤）	（坤）

占斷：在地裡澆水。
反饋：果然是澆水。
解法：
1. 變卦是結果，用飛卦，主卦的坤飛到變卦下。變卦組成艮，坎，坤。艮為手，坎為水，坤為地，所以為澆水。
2. 注意此例三卦連讀。

案例三十六　因雨占晴

事項：男問一連數日雨，哪天停雨？
時間：2022 年 4 月 17 日 15 時 23 分。
四值：壬寅年甲辰月庚子日甲申時。
起卦：電腦隨機。
卦名：山天大畜之地天泰。

【本卦】	【互卦】	【變卦】	【錯卦】	【綜卦】
山天大畜（艮）	雷澤歸妹（兌）	地天泰（坤）	澤地萃（兌）	天雷無妄（巽）

用

體

占斷：丑日雨停。
反饋：後果於丑日停。
解法：乾為天，艮為止，艮為丑，直讀丑日天氣止了，雨停了，且乾為體，丑日入墓，入墓則止。

案例三十七　少女問卦

事項：17歲女問卦。

時間：2019年。

四值：己亥。

起卦：方式未知。

卦名：山天大畜之山火賁。

	【本卦】	【互卦】	【變卦】	【錯卦】	【綜卦】
	山天大畜	雷澤歸妹	山火賁	澤地萃	天雷無妄
	（艮）	（兌）	（艮）	（兌）	（巽）

解法：

1. 小孩子從學業下手，主卦為小學，乾為體，艮生，所以小學成績好，變卦為初中，離體耗泄，成績差，反饋正確。

2. 離為體，艮為男生，離為想，思路已經定位到初中，故初中必然暗戀了一個男生，艮在上卦，所以該男生坐她前面。反饋准。

3. 離為眼，艮為止，為雲霧，所以初中開始就近視了，止於三，所以至少三百度，反饋高度

近視。

4. 艮為七，乾為長輩，艮為家，所以七歲必然在親戚家住，反饋錯誤。重新審卦，乾為父，艮為山，所以七歲和父親一起去山上玩過，反饋正確。

5. 定乾為父，離為母，主變分開，故父母目前異地，反饋准。

6. 再定乾為體，坐支戌亥，艮土生乾體，故戌年一八年必然有男生追，反饋正確。

7. 艮為七為墳，乾為男，所以一七年必然有男性親戚去世。反饋不知道。但是前幾天母親的爺爺過世，(按，取乾為九，一九年即今年)。

8. 定離為體，上艮為獨，所以卦主必獨生女。反饋正確。

9. 再定離為母親，所以母親也是獨生女，反饋對。

10. 乾為父，上艮取倒卦震，震為四，所以父親兄弟姐妹四個，反饋五個。

案例三十八　婚姻感情

事項：31歲男問感情。

時間：2019年。

四值：己亥。

起卦：方式未知。

卦名：兌為澤之水澤節。

【本卦】	【互卦】	【變卦】	【錯卦】	【綜卦】
兌為澤（兌）	風火家人（巽）	水澤節（坎）	艮為山（艮）	巽為風（巽）

用

體

案例三十八　婚姻感情

占斷：

1. 坎為體，坎生互巽，所以目前有喜歡的人，定巽為對方，互卦風火家人，卦名取象，故對方有家室，木生火，所以有個女兒。反饋正確。

2. 再來分析男方，主兌為澤，缺少女，兩少女，所以年輕時離過，那麼卦主什麼時候結婚的呢？變卦直讀26歲，什麼時候離的呢，靜體兌，取倒為巽，乾沖，逢沖必散，乾為9，29歲離的，反饋准。

3. 那麼什麼時候卦主和此已婚女相處的呢？坎坐支子，所以去年冬天，坎為性，兌為喜悅，所以發生關係了。

4. 倆人有結果嗎？變卦節，告訴卦主要節制，女方畢竟有家室。

案例三十九　面試吉凶

事項：35 歲女問中午面試能不能過。

時間：2019 年。

四值：己亥。

起卦：方式未知。

卦名：天雷無妄之天火同人。

	【本卦】	【互卦】	【變卦】	【錯卦】	【綜卦】
	天雷無妄 （巽）	風山漸 （艮）	天火同人 （離）	地風升 （震）	山天大畜 （艮）

體

用

占斷：

1. 主面試官是男人，可以過。

反饋：果然過關。

解法：

1. 離為體，乾為用，乾為男，所以面試官是個男的。
2. 體離克乾，所以可以過。
3. 但離化震木受克，震為動，必然是工作做不久之象。

案例四十　老人重病

事項：男問奶奶病重。

時間：2019 年。

四值：己亥。

起卦：方式未知。

卦名：風澤中孚之風水渙。

【本卦】	【互卦】	【變卦】	【錯卦】	【綜卦】
風澤中孚 （艮）	山雷頤 （巽）	風水渙 （離）	雷山小過 （兌）	風澤中孚 （艮）

體

用

解法：

1. 巽為體，主卦兌金克，故有疾，巽為腿，為氣管，所以不是腿有傷就是氣管上的問題，反饋有氣管炎。
2. 主卦大離，離為心臟，所以心臟也不好。
3. 問此次能不能好，巽為體，用卦坎生，所以可以好。巽為五，坎為六，五六天就差不多了。

反饋：五天后出院。

案例四十一　證件丟失

事項：男測身份證哪裡去了。

時間：2019 年。

四值：己亥。

起卦：方式未知。

卦名：地雷復之地澤臨。

	【本卦】	【互卦】	【變卦】	【錯卦】	【綜卦】
	地雷復 （坤）	坤為地 （坤）	地澤臨 （坤）	天風姤 （乾）	山地剝 （乾）
體					
用					

占斷：

1. 身份證是方的，坤為方，定位坤為身份證，變卦是結果，坤生了兌，兌是女兒。問他有沒有閨女，回答有。斷其在女兒那兒。

2. 卦主講問過了，女兒說沒碰，我說那就是丟了，被一個小女孩撿了。

3. 然最後反饋，在女兒書包裡找到，就是女兒拿的，小孩子不說實話。

案例四十二　父親生病

事項：女問父親病。

時間：2019 年。

四值：己亥。

起卦：方式未知。

卦名：山風蠱之巽為風。

【本卦】	【互卦】	【變卦】	【錯卦】	【綜卦】
山風蠱	雷澤歸妹	巽為風	澤雷隨	澤雷隨
（巽）	（兌）	（巽）	（震）	（震）

用
體

解法：

1. 定艮為體，艮為癌，互卦震為動，兌為刀，所以是因癌症要開刀，反饋正確。

2. 艮化巽，巽為仙，為鬼，所以老人危矣，後反饋去世。

3. 此例占時還未通理法，故其呈象均象法也，竟以象法占驗，今觀此例，應為主互結構，或為錯卦矣。

案例四十三　現場解析

時間：2019年。
四值：己亥。
起卦：方式未知。
卦名：兌為澤之澤水困。

【本卦】	【互卦】	【變卦】	【錯卦】	【綜卦】
兌為澤 （兌）	風火家人 （巽）	澤水困 （兌）	艮為山 （艮）	巽為風 （巽）

體

用

背景：筆者以一個學生為例，現場解析的一個卦。

占斷：

1. 主卦下兌為二，變卦坎為一（後天數），所以卦主本來兄弟姐妹倆個，坎為流，流掉一個，現在是獨生子，反饋對！

2. 兌為先天體（即傳統靜體），所以卦主喜歡說，性格外向，反饋對。

3. 坎為後天體（即靈活體），坎為好色，所以卦主欲望比較重，反饋對。

4. 兌為秋，兌為少女，巽為入，離為班級，所以

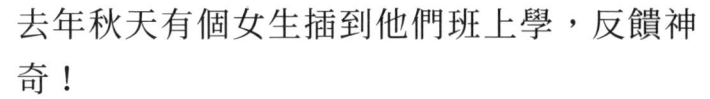

去年秋天有個女生插到他們班上學，反饋神奇！

5. 互卦表示中午，巽為入，離為電器店，機房，所以中午去了這種地方，反饋去了學校機房。

6. 坎為體，上卦為兌為少女，所以卦主前面座位是個女生，反饋對。坎為黑，就是此女穿的黑衣服，坎為一，所以她必然也是獨生女。尋問之，果然是獨生子女。

7. 兌為先天體，借一震卦，震沖體，震為四，所以小學四年級有休學，換學校之類的經歷。反饋母親讓他回家自學了一段時間。

8. 兌為說，為少女，為錢，為酉，所以昨天晚上酉時有少女向他借錢，反饋准，有個女同學借錢。

卦筮精選

案例四十四　工作姻緣

事項：17歲女問，已工作。
時間：2019年。
四值：己亥。
起卦：方式未知。
卦名：風地觀之風雷益。

	【本卦】	【互卦】	【變卦】	【錯卦】	【綜卦】
	風地觀	山地剝	風雷益	雷天大壯	地澤臨
	（乾）	（乾）	（巽）	（坤）	（坤）

體

用

占斷：

1. 十七歲工作了，所以推知，卦主要麼高中學歷，要麼初中。主卦表示高中，變卦是初中，變卦巽為證書，震為動，就是初中動了證書，初中學歷，反饋正確。

2. 知道初中學歷了，那具體是初幾呢？九年級為乾卦沖體，所以九年級，也就是初三不上的，初三沒讀完，反饋對！

案例四十四　工作姻緣　099

3. 坤為母，震為父，巽為五，就是父母兄弟姐妹都是五個，果驗。
4. 坤為農村，所以卦主是農村人。坤為地，巽為草，就是地上有草，所以斷卦主出生於春天。反饋正確。
5. 坤為肚子，為母，巽為女，主卦表示早上，就是卦主是早上出生的，巽為風，當天有風。反饋正確。
6. 巽為五，坤為墳，震為男，就是一五年有一男性長輩去世。反饋有。
7. 巽為五，震為男生，比合，就是五歲和一個小男生玩的很好。坤為八，巽為女老師，剋體坤，就是八歲時有個女老師管的很嚴。反饋全對！
8. 坤為平地，震為樹，在下卦，就是小時候房子後面有一片平地後來植了很多樹。反饋對。
9. 體為巽，震四巽五比合，所以四五年級很好，七八為艮坤耗泄，所以七八年級成績差。
10. 結婚年於 25 或 28 歲，待驗。

案例四十五　離家出走

事項：男求測父離家出走。

時間：2019年。

四值：己亥。

起卦：方式未知。

卦名：坤為地之地水師。

	【本卦】	【互卦】	【變卦】	【錯卦】	【綜卦】
	坤為地 (坤)	坤為地 (坤)	地水師 (坎)	乾為天 (乾)	坤為地 (坤)

體／用

占斷：找不回了，恐已服毒藥。

反饋：上吊自殺。

解法：

1. 定坎為體，為此老人，卦中一片坤土克制大凶。
2. 坤為墳，此人必死。後發現時老人已上吊自殺。

案例四十六　少年溺水

事項：母親占兒子離家出走。

時間：2019年。

四值：己亥。

起卦：方式未知。

卦名：山火賁之風火家人。

【本卦】	【互卦】	【變卦】	【錯卦】	【綜卦】
山火賁 （艮）	雷水解 （震）	風火家人 （巽）	澤水困 （兌）	火雷噬嗑 （巽）

用

體

解法：

1. 艮為兒子，離為紅，所以孩子出走時必然穿紅衣服，反饋對！
2. 變體為巽，離火泄之，大凶！互直讀震為動，坎為水，恐溺死之象。

反饋：後於水中尋到屍體。

案例四十七　異地感情

事項：女子複合。
背景：在六爻群，一女子講求複合問了個梅花薊師，結果斷錯了，可見梅花真不如六爻，我說什麼卦，我來斷。
時間：2020年。
四值：庚子。
起卦：方式未知。
卦名：澤地萃之水地比。

【本卦】	【互卦】	【變卦】	【錯卦】	【綜卦】
澤地萃	風山漸	水地比	山天大畜	地風升
（兌）	（艮）	（坤）	（艮）	（震）

用

體

解法：

1. 兌為女生，坎為男生，體用一主一變，故這是個異地戀求複合的，反饋准！
2. 體兌金坐坤受生，又反生用坎，連生結構，複合必成，反饋確實成了，又講當時那個人斷不成，幸好我沒聽他的話。（按，學易不精害死人）。
3. 其又問身體疾病，以坎為體，受坤克制，坎主分泌，正打算斷為分泌系統問題，她直接說出來了，於是改斷吉凶，主卦衍為結果，用生體，疾病纏身，此病不愈。反饋，醫生講終生不愈！

案例四十八　打架爭端

事項：易友講和人打架了，打不過，叫了警察，此事如何處理？

時間：2020 年。

四值：庚子。

起卦：電腦隨機。

卦名：乾為天之澤天夬。

【本卦】	【互卦】	【變卦】	【錯卦】	【綜卦】
乾為天	乾為天	澤天夬	坤為地	乾為天
（乾）	（乾）	（坤）	（坤）	（乾）

解法：

1. 上乾為對方，下乾為體，上乾為男，為戌亥，上乾比下乾，故戌亥日打的。

2. 互上乾為警察，處理這事的警察也是男的，互下乾為對方，上乾比下乾，乾為財，警察罰了他的錢，變兌為口，比之，又進行了口頭教育，此事扯平。

3. 此例一片金，乍一看無從下手，實則分清體用及比助概念，此卦立現。

案例四十九　老人患癌

事項：一女生問姥爺病。
時間：2020 年。
四值：庚子。
起卦：電腦隨機。
卦名：澤地萃之水地比。

【本卦】	【互卦】	【變卦】	【錯卦】	【綜卦】
澤地萃	風山漸	水地比	山天大畜	地風升
（兌）	（艮）	（坤）	（艮）	（震）

用
體

占斷：此為頭肺之疾，大凶。
反饋：肺癌轉移至頭，後於次年春去世。

解法：

1. 坎為男的，故定為體，為姥爺，下坤為床，所以姥爺已經臥病在床了。
2. 主卦兌為肺，坤為肉，土生金生水，連生之象，老人怕旺，兌為肺，坤為癌，直讀肺癌，實際反饋肺癌晚期。
3. 變卦五爻為頭，為陽爻，陽爻主阻隔，故頭上也有毛病，實際肺癌轉移了頭部，兌體受病坤生，無力回天。
4. 應丑年者，兌金入墓之象。

案例五十　妻子生產

事項：一易友占妻子即將生產，於何時生？生男生女？

時間：2021年。

四值：辛丑。

起卦：方式未知。

卦名：澤火革之天火同人。

【本卦】	【互卦】	【變卦】	【錯卦】	【綜卦】
澤火革	天風姤	天火同人	山水蒙	火風鼎
（坎）	（乾）	（離）	（離）	（離）

用

體

占斷：斷其若於酉日生則必生女，若於戌日生則必生男**反饋**：後於酉日酉時生一女。

解法：
1. 離為妻子，為子宮，臨兌為少女，兌為酉，故酉日生女。
2. 離為妻子，為子宮，臨乾為男，乾為戌亥，故戌日生男。
3. 今觀此卦則不必考慮戌日生男之事，兌為女兒，乾卻不能為兒子，豈有乾為子之理？這裡指乾為丈夫。

案例五十一　二叔病危

事項：易友問二叔病危，情況如何？

時間：2020年。

四值：庚子。

起卦：方式未知。

卦名：水火既濟之水雷屯。

【本卦】	【互卦】	【變卦】	【錯卦】	【綜卦】
水火既濟	火水未濟	水雷屯	火水未濟	火水未濟
（坎）	（離）	（坎）	（離）	（離）

解法：

1. 震為二叔，上坎為病，坎中子刑坐下震木，子卯刑，乃疾病纏身之象，主卦中用病剋體，人必亡，離為午，必死於午日。

2. 互離可以克兌金，酉時沖剋體震，必死於午日酉時。

3. 果至午日酉時人去世，驗之。

案例五十二　考試吉凶

事項：自占兩個月後考試四門如何？
時間：2020 年。
四值：庚子。
起卦：電腦隨機。
卦名：火山旅之火風鼎。

	【本卦】	【互卦】	【變卦】	【錯卦】	【綜卦】
	火山旅 （離）	澤風大過 （震）	火風鼎 （離）	水澤節 （坎）	雷火豐 （坎）
體					
用					

解法：

1. 巽為考卷，為辰巳，故考試當天必辰巳日。
2. 體艮受用離火生，離又受巽木之生，相當於巽木生體艮。應吉，惜離為三，只能過三門。
3. 因提前得知結果，故筆者考試前作好萬全準備，後參加第四門考試時，打車錯過時間，缺考未過，最終只過三門。

案例五十三　女占運勢

事項：女占運勢。
時間：2019 年。
四值：己亥。
起卦：報數起卦。
卦名：坎為水之澤水困。

【本卦】	【互卦】	【變卦】	【錯卦】	【綜卦】
坎為水	山雷頤	澤水困	離為火	坎為水
（坎）	（巽）	（兌）	（離）	（坎）

用
體

占斷：

1. 家西邊有一條河流，而且這個河流曾經淹死過一個女人。反饋有個女老師前兩年投河自殺。
2. 身體不好，腎虛，耳鳴，且肺部不好。反饋耳鳴，經常咳嗽。
3. 這兩年財運不行破財，反饋一直花錢。
4. 兄弟姐妹六個，排行不是老大。反饋正確。
5. 斷完此卦後，剛一出門竟看到一人在殺魚。

解法：

1. 坎為河流，兌為西，直讀西邊有河流，兌為少女，泄兌金乃是女子投河，兌為嘴巴為說為教育為老師，所以是女老師投河。
2. 兌為肺，坎為病，直讀肺病。
3. 坎為耳，兌為鳴叫，直讀耳鳴。
4. 坎為六，兌為體，兄弟姐妹六人，兌為小，排行不是老大。

案例五十四　樹木枯榮

事項：自占門口一棵桃樹命數如何。
時間：2020年。
四值：庚子。
起卦：電腦隨機。
卦名：地澤臨之地雷複。

	【本卦】	【互卦】	【變卦】	【錯卦】	【綜卦】
	地澤臨 （坤）	地雷複 （坤）	地雷複 （坤）	天山遁 （乾）	風地觀 （乾）

體
用

案例五十四　樹木枯榮

占斷：
1. 此以變震木為桃樹，坤為牆，桃樹在牆邊。
2. 坤生兌金，沖克震木，兌為刀，此樹必不久矣，兌為酉，當應八月。
3. 互震又為另一桃樹，且在變卦之左，故此桃樹左側當還有一棵桃樹，尋之果然發現還有一棵小樹，一米距離未到。
4. 第二顆桃樹命運看變卦，互變皆木比助，未受其克，故其久之，但亦有兌金克之，更久之亦被砍伐。

反饋： 果於年底至家，其樹已因建房餘事連根拔之，而其左側之桃樹仍存之，後又二年至家，左桃樹亦拔之。

案例五十五　女子生產

事項：女占姐姐何時生孩子。
背景：已懷孕。
時間：2022年1月9日22時18分。
四值：辛丑年辛丑月壬戌日辛亥時。
起卦：電腦隨機。
卦名：山水蒙之山澤損。

【本卦】	【互卦】	【變卦】	【錯卦】	【綜卦】
山水蒙	地雷複	山澤損	澤火革	水雷屯
（離）	（坤）	（艮）	（坎）	（坎）

占斷：年後生女兒。
反饋：果於次年春生一女。
解法：

1. 互坤為姐姐，坤為腹，見震為動，直讀腹中有動，懷孕之象。
2. 坤化艮為止，坐兌金為女兒，故生一女，兌為二，故應2022年。

案例五十六　作家投稿

事項：女占手裡一篇文章改後可以投稿出去嗎。
時間：2022年1月21日23時26分。
四值：辛丑年辛丑月乙亥日丙子時。
起卦：電腦隨機。
卦名：風地觀之風水渙。

	【本卦】	【互卦】	【變卦】	【錯卦】	【綜卦】
	風地觀 (乾)	山地剝 (乾)	風水渙 (離)	雷天大壯 (坤)	地澤臨 (坤)

體用如圖所示。

占斷：投不出去。
反饋：後自行放棄。
解法：

1. 巽為文章，坎水生之，木有其源，然坎受坤克，絕其源，則文無救應。
2. 且坤為體，主卦體受克，變卦體受其泄，全無吉象，必不投也。

案例五十七　外應三則

事項：女因備孕占卵巢左邊排卵還是右邊排卵？
時間：2022 年。
四值：壬寅年。
起卦：無卦。
外應：此女在 Q 群提問，從來沒見過這種問題，比較無語，發出三個句號「。」。
占斷：筆者發出三個句號，這個句號看起來就像圓圓的細胞，在筆者的顯示屏是右側，故斷其右側排卵。
反饋：後經醫院檢查後，果然如此。

事項：女因備孕第二次占左邊排卵還是右邊排卵？
時間：2022 年。
四值：壬寅年。
起卦：無卦。
外應：此女在 Q 群第二次又提問時，筆者左手正下意識拿飲料。
占斷：飲料倒出，很像身體排卵，故斷其左側排卵。
反饋：後經醫院檢查後，果然如此。

事項：女因備孕，第三次占本月能不能懷上？

時間：2022 年。

四值：壬寅年。

起卦：無卦。

外應：此女在 Q 群第三次又提問時，群內突然一網名叫「小孩不想長大」的女孩冒泡。

占斷：「小孩不想長大」，不想長大怎麼能懷上？必然未懷。

反饋：一個月後反饋果未孕。

案例五十八　精神疾病

事項：18歲男占身體疾病。

時間：2022 年 11 月 14 日 22 時 40 分。

四值：壬寅年辛亥月辛未日己亥時。

起卦：電腦隨機。

卦名：天澤履之乾為天。

【本卦】	【互卦】	【變卦】	【錯卦】	【綜卦】
天澤履	風火家人	乾為天	地山謙	風天小畜
(艮)	(巽)	(乾)	(兌)	(巽)

體

用

案例五十八　精神疾病

占斷：
1. 頭部之疾，一六一七年患病，今年好轉。反饋精神疾病，一七年得病，今年大病初愈。
2. 乾為頭，兌為疼，兌為鳴叫，主卦為左，斷左邊頭疼，且有耳鳴。反饋正確。
3. 變卦無克，疾病不會再度創傷，變卦比合，疾病難以痊愈。反饋基本上如此。
4. 乾體，18歲男竟得乾體，明顯童子之病，神鬼之軀，體內必有他物。

解法：
1. 無艮少男，定上乾為體，兌克之，兌取一七年，故一七年患病。
2. 乾體受克，故頭部之疾，反饋知其精神病，精神屬木，今年壬寅，天干地支均生比合木，今年必好轉。
3. 乾為神佛，臨體，明顯神佛有緣，童子命。

122　卦筮精選

案例五十九　流年運程

事項：男占流年運。
時間：2019 年。
四值：己亥。
起卦：方式未知。
卦名：風山漸之風地觀。

【本卦】	【互卦】	【變卦】	【錯卦】	【綜卦】
風山漸 (艮)	火水未濟 (離)	風地觀 (乾)	雷澤歸妹 (兌)	雷澤歸妹 (兌)

占斷：

1. 從2015～2016年運勢較好，16年賺錢。反饋正確。
2. 從17年開始破財，18年更甚，兩年大破，反饋前幾年開公司賺錢，後因決策失誤，一七年底公司倒閉，一八年還債。
3. 一九年還是破財，但較去年已經好轉。反饋正確。
4. 此卦很難翻身，難以東山再起。我與此人僅一面之緣，後不知其如何。

解法：

1. 卦中無乾，以巽木定用，艮為男，定體。
2. 一五年未土幫身艮體，故一五年運好。
3. 一六年申金克制巽木，巽木難以制艮體，一六年亦好。
4. 一七年本來屬酉，但是卦中現艮，艮體又被巽木直克，故一七年大破其財。
5. 一八年卦中坤體，受克受沖亦大凶。
6. 卦中主變卦中體均受克，故難以翻身。

案例六十　疫情隔離

事項：自占被隔離吉凶如何？會感染嗎？
時間：2022 年。
四值：壬寅年。
起卦：電腦隨機。
卦名：離為火之火天大有。

【本卦】	【互卦】	【變卦】	【錯卦】	【綜卦】
離為火	澤風大過	火天大有	坎為水	離為火
（離）	（震）	（乾）	（坎）	（離）

體
用

案例六十　疫情隔離

占斷：無事。

反饋：此卦是上次之後約為十天，又被隔離，此次隔離防疫人員眾多，遂占之，卦象同上卦如出一轍，解法上亦同，隔離三日後安全返鄉，中途發燒數次，然核酸皆為陰性。

解法：

1. 乾為體，離為隔離點，剋體表示隔離，乾坐戌亥，正為亥日隔離。
2. 乾化離體動化回頭克，時月令為戌月，離火入墓無力，但離火畢竟剋體，離為燒，故有發燒之事。

案例六十一　女子賣房

事項：86年女問房子什麼時候能賣掉。

時間：2022年。

四值：壬寅年。

起卦：電腦隨機。

卦名：火山旅之雷山小過。

【本卦】	【互卦】	【變卦】	【錯卦】	【綜卦】
火山旅 （離）	澤風大過 （震）	雷山小過 （兌）	水澤節 （坎）	雷火豐 （坎）

用

體

占斷：房子肯定可以能賣掉，最遲應期在明年，可以得七十多萬。

反饋：至今還未反饋，待驗。

解法：

1. 86年生人，至2022年，虛歲37歲，應主卦火山旅，上離下艮，直讀37，年齡入卦。
2. 離為體，生艮為房子，生什麼表示想什麼，此處想賣房子。
3. 變卦體震克艮房子，體克用，房子肯定能賣掉，震為卯，遲應明年癸卯年。
4. 此女還反饋房子在青島，震為青，艮為島，卦象應驗如此，豈有失之理？

案例六十二　男子問卦

事項：男問卦。

時間：2022 年 4 月 25 日午時。

四值：壬寅年甲辰月戊申日戊午時。

起卦：方式未知。

卦名：澤水困之澤地萃。

【本卦】	【互卦】	【變卦】	【錯卦】	【綜卦】
澤水困	風火家人	澤地萃	山火賁	水風井
（兌）	（巽）	（兌）	（艮）	（震）

體

用

占斷：

1. 卦主母親做過手術。坤為母，上兌為刀，直讀母親手術，反饋正確。

2. 今日一直在下雨。兌為澤，坎為雨，坤為雲，直讀雲上有雨，反饋正確。

3. 20 年分手過，一八年處過對象。兌為少女，坤為八，為一八年，生兌為喜歡一女孩，兌為二，坤為零，兌為分，坤為路，直讀 20 年分手。反饋一八年處對象，一九年分手。

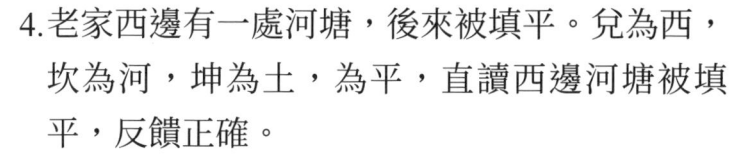

4. 老家西邊有一處河塘,後來被填平。兌為西,坎為河,坤為土,為平,直讀西邊河塘被填平,反饋正確。

5. 一七年有男性長輩去世。兌為酉,為一七年,坎為男人,坤為墳墓,直讀一七年男人進墳。反饋記不清了。

6. 卦主本人比較好色,坎為體之故。有耳鳴,坎為耳,兌為鳴叫。腎虛,坎為腎,坤為虛。反饋正確。

7. 卦主兄弟姐妹倆,另一個是女孩。坎為體,兌為二,為女孩,反饋正確。

案例六十三　女子買房

事項：女問何時能買房？
時間：2022年5月6日14時14分。
四值：壬寅年乙巳月乙未日辛未時。
起卦：電腦隨機。
卦名：火天大有之火澤睽。

【本卦】	【互卦】	【變卦】	【錯卦】	【綜卦】
火天大有	澤天夬	火澤睽	水地比	天火同人
(乾)	(坤)	(艮)	(坤)	(離)

體
用

占斷：準備買西邊的房子，預計花費200-230萬。快則酉月，遲則戌月可以買到。

反饋：後此女於戌月10月14日購得新房，買在了西邊，花費201萬。

解法：

1. 問卦者為91年女子，體卦為離卦，乾為大房子，離體克用，表示買到了房子。
2. 乾坐戌亥，故應在戌月買到房子。
3. 兌為西，為2，離為3，連讀得出價格區間在200-230萬。兌為酉，則斷快則酉月。

案例六十四　考研分數

事項：男問考研能考多少分？
時間：2021 年 12 月 15 日 21 時 41 分。
四值：辛丑年庚子月丁酉日辛亥時。
起卦：電腦隨機。
卦名：雷水解之地水師。

	【本卦】	【互卦】	【變卦】	【錯卦】	【綜卦】
	雷水解	水火既濟	地水師	風火家人	水山蹇
	（震）	（坎）	（坎）	（巽）	（兌）

用
體

占斷：350 分左右。
反饋：後於次年考研，反饋 355 分。
解法：

1. 主卦雷水解取其錯卦，為風火家人，離為三，巽為五，故 355 分。
2. 注意，考試分數常取主變之錯卦。

案例六十五　工作發展

事項：女問下份工作發展如何？

時間：2022 年 6 月 20 日 20 時 45 分。

四值：壬寅年丙午月甲辰日甲戌時。

起卦：電腦隨機。

卦名：火地晉之山地剝。

【本卦】	【互卦】	【變卦】	【錯卦】	【綜卦】
火地晉 （乾）	水山蹇 （兌）	山地剝 （乾）	水天需 （坤）	地火明夷 （坎）

用

體

占斷：此事本月午月已開始有想法，且在月底丑日會入職新公司，且發展還不錯。

反饋：果於午月開始有找新工作的想法，後於丑日入職。

解法：離為體，坤為新工作，主卦離火生坤土表示在想工作的事。離為午，本月有的想法，變卦艮坤沖之，能進新公司，艮為丑寅，丑日扶坤，故應丑日工作。

案例六十六　工作財運

事項：女問公司西北邊靠門的位置好嗎？利於財運嗎？

時間：2022 年 5 月 20 日 12 時 59 分。

四值：壬寅年乙巳月癸酉日戊午時。

起卦：電腦隨機。

卦名：火風鼎之火天大有。

【本卦】	【互卦】	【變卦】	【錯卦】	【綜卦】
火風鼎	澤天夬	火天大有	水雷屯	澤火革
（離）	（坤）	（乾）	（坎）	（坎）

體
用

占斷：大吉，且風氣很好，今日即有財運。

反饋：果然如此，至下午還搞定了一個很久沒談下來的客戶，獲財六萬。

解法：離為體，乾為西北，為財，離克之表示要坐西北邊，又表示想得財，為當下之狀態。主卦為結果，乾財化巽以生體，用生體大吉，必得財。當日為酉，為體離之財，故當日即得財。

案例六十七　紋身吉凶

事項：男問自己手上的紋身對自己的運勢是否有影響？

時間：2022年8月1日2時31分。

四值：壬寅年丁未月丙戌日己丑時。

起卦：電腦隨機。

卦名：火山旅之艮為山。

【本卦】	【互卦】	【變卦】	【錯卦】	【綜卦】
火山旅	澤風大過	艮為山	水澤節	雷火豐
（離）	（震）	（艮）	（坎）	（坎）

用

體

案例六十七　紋身吉凶

占斷：此紋身對自身運勢有影響，不宜久紋，且不利小子，應於某個夏天紋的，紋身在左手，且今年 2 月份破過一筆不小的財。

反饋：果於大學的夏天在左手紋身，今年 2 月破財 7 千。

解法：

1. 主卦離為紋身，艮為手，主卦為左，故左手紋身，離坐午，為夏天，故夏天所紋。
2. 變卦為結果，上艮為用比之下艮之體，故有少許影響，艮為丑寅，故寅月破財，艮為七，故為七數。

案例六十八　論文答辯

事項：女問 1 月 13 號預答辯能不能過？
時間：2021 年 12 月 22 日 21 時 59 分。
四值：辛丑年庚子月甲辰日乙亥時。
起卦：電腦隨機。
卦名：澤雷隨之天雷無妄。

	【本卦】	【互卦】	【變卦】	【錯卦】	【綜卦】
	澤雷隨	風山漸	天雷無妄	山風蠱	山風蠱
	（震）	（艮）	（巽）	（巽）	（巽）

用

體

占斷：答辯必過。
反饋：果然通過。
解法：此例簡單，以兌為體，震為師，主互變均為體克用，學生克老師，答辯必過。

案例六十九　九價疫苗

事項：女問能否搶到九價疫苗。
時間：2021 年 12 月 24 日 13 時 58 分。
四值：辛丑年庚子月丙午日乙未時。
起卦：電腦隨機。
卦名：風澤中孚之風天小畜。

【本卦】	【互卦】	【變卦】	【錯卦】	【綜卦】
風澤中孚 （艮）	山雷頤 （巽）	風天小畜 （巽）	雷山小過 （兌）	風澤中孚 （艮）

體
用

占斷：可以搶到。
反饋：後通過黃牛搶到九價疫苗。
解法：此例以兌體，巽用，似上例一樣，主互變均為體克用，故可以搶到。

案例七十　工作發展

事項：女問老公繼續做這個工作有發展嗎？
時間：2022 年 3 月 10 日 18 時 57 分。
四值：壬寅年癸卯月壬戌日己酉時。
起卦：電腦隨機。
卦名：風地觀之山地剝。

【本卦】	【互卦】	【變卦】	【錯卦】	【綜卦】
風地觀	山地剝	山地剝	雷天大壯	地澤臨
（乾）	（乾）	（乾）	（坤）	（坤）

占斷：可以有發展，只是一直比較勞累，至下月始工作好轉，但仍然累，發展不高，技術求財。工作與手部操作有關。

反饋：實際此女子老公在長沙當駕校教練，開車，工資不高，後不久又換其他工作，再後來斷聯，亦不知情況。

解法：艮為老公，坤為工作，艮為手，坤為柄，故為開車工作，巽為長，坤為沙，主卦直讀長沙，主變卦象均為體克用，謀財必累。

案例七十一　室友失聯

事項：女問女室友昨天下午5點多出去後失聯，吉凶如何。

時間：2022年3月11日17時57分。

四值：壬寅年癸卯月癸亥日辛酉時。

起卦：電腦隨機。

卦名：地風升之地天泰。

【本卦】	【互卦】	【變卦】	【錯卦】	【綜卦】
地風升	雷澤歸妹	地天泰	天雷無妄	澤地萃
（震）	（兌）	（坤）	（巽）	（兌）

體

用

占斷：人是和一個男的出去了，安全，並無他事，次日上午即可自歸。

反饋：後果然安全回來，但不肯透露去了哪裡，亦不說做了什麼事。

解法：

1. 巽在動方，為出走之女，坤在靜方為宿舍，主卦體克用，變卦用生體，故首先定吉，變卦卦名泰卦，泰為安全。
2. 乾沖巽，乾為戌亥，故戌日離家。

案例七十二　聯繫導師

事項：男考研問一個老師能不能收下自己。

時間：2022 年 3 月 12 日 15 時 48 分。

四值：壬寅年癸卯月甲子日壬申時。

起卦：電腦隨機。

卦名：雷地豫之雷山小過。

【本卦】	【互卦】	【變卦】	【錯卦】	【綜卦】
雷地豫	水山蹇	雷山小過	風天小畜	地山謙
（震）	（兌）	（兌）	（巽）	（兌）

體

用

占斷：成不了。

反饋：果然不成。

解法：震為師為用，艮為體，主互變均為用來剋體。小過卦亦為背對背之象，合作為不成。

案例七十三　科目考試

事項：男問次日科目一能否過。

時間：2022 年 10 月 18 日 20 時 6 分。

四值：壬寅年庚戌月甲辰日甲戌時。

起卦：電腦隨機。

卦名：澤水困之兌為澤。

	【本卦】	【互卦】	【變卦】	【錯卦】	【綜卦】
	澤水困 （兌）	風火家人 （巽）	兌為澤 （兌）	山火賁 （艮）	水風井 （震）
體	☱ ☵	☴ ☲	☱ ☱	☶ ☲	☵ ☴
用					

占斷：過不了。

反饋：果然沒過。

解法：次日為巳，離火為巳午，則互卦切入，離火為駕校，為考場，巽木生離火，表示次日去駕校考試。變卦為結果，體用比和，動兌比助靜兌，兌為缺，考試不過。且主卦卦名為困，已顯示困難之意。

案例七十四　鬱金香花

事項：男占種了四棵鬱金香能活幾棵？
時間：2022 年 3 月 17 日 22 時 40 分。
四值：壬寅年癸卯月己巳日乙亥時。
起卦：電腦隨機。
卦名：兌為澤之水澤節。
占斷：活兩棵。
反饋：果然最後只成活了兩顆。

	【本卦】	【互卦】	【變卦】	【錯卦】	【綜卦】
	兌為澤 （兌）	風火家人 （巽）	水澤節 （坎）	艮為山 （艮）	巽為風 （巽）

解法：主卦上兌下兌合為四，兌為金，即四棵鬱金香，上兌化坎泄之，坎為壞，兌為二，鬱金香壞了兩棵，即存活兩棵。

案例七十五　考研調劑

事項：男問考研後調劑，廣西大學能不能上成？
時間：2022 年 3 月 18 日 18 時 54 分。
四值：壬寅年癸卯月庚午日乙酉時。
起卦：電腦隨機。
卦名：澤火革之雷火豐。

	【本卦】	【互卦】	【變卦】	【錯卦】	【綜卦】
	澤火革 （坎）	天風姤 （乾）	雷火豐 （坎）	山水蒙 （離）	火風鼎 （離）

用
體

占斷：此學校亦不成。
反饋：後果然與此學校無緣。
解法：震為體，離為學校，變卦震體受離火耗泄，主卦兌體受離克，均不吉，故不能入校。

案例七十六　國內事件

事項：心動自占今年國內有什麼大事？
時間：2022年。
四值：壬寅年癸卯月辛未日壬辰時。
起卦：電腦隨機。
卦名：地澤臨之地天泰。

	【本卦】	【互卦】	【變卦】	【錯卦】	【綜卦】
	地澤臨 （坤）	地雷複 （坤）	地天泰 （坤）	天山遯 （乾）	風地觀 （乾）

占斷：四川疑似地震，廣西似乎也有事。
反饋：後於不久廣西出現墜機事件，再後幾月後四川發生地震。
解法：坤為廣，兌為西，乾為飛機，坤為地，乾下坤上，直讀廣西飛機墜地，互震為四，坤為川，坤為地，震為震動，直讀四川地震，然亦難以準確定出應期，夫易無止境，人力終有窮時。

案例七十七　少女問病

事項：00 年女問身體疾病。

時間：2022 年 3 月 22 日 20 時 27 分。

四值：壬寅年癸卯月甲戌日甲戌時。

起卦：電腦隨機。

卦名：地山謙之地風升。

【本卦】	【互卦】	【變卦】	【錯卦】	【綜卦】
地山謙 （兌）	雷水解 （震）	地風升 （震）	天澤履 （艮）	雷地豫 （震）

體

用

占斷：胃病或子宮之病，且難以痊癒，恐長年吃藥。

反饋：果有胃病，且子宮上也有毛病，醫生說是慢性病，無法根治，只能控制。

解法：坤為體，受巽木之克，坤為胃，為子宮，受克即生病，主卦為結果，艮土沖之，兩次受制，若占老婦人，人必死矣，此女年輕，不死則病難以痊癒，終生之疾，且艮沖之，艮為癌，恐日後病變，但此女不信，後斷聯，不知今日情況。

案例七十八　加強疫苗

事項：男問打第三針加強針會有影響嗎？
時間：2022 年 3 月 23 日 21 時 0 分。
四值：壬寅年癸卯月乙亥日丁亥時。
起卦：電腦隨機。
卦名：風火家人之風天小畜。

	【本卦】	【互卦】	【變卦】	【錯卦】	【綜卦】
	風火家人	火水未濟	風天小畜	雷水解	火澤睽
	（巽）	（離）	（巽）	（震）	（艮）

體
用

占斷：沒有副作用出現。
反饋：此人身體虛弱，恐打疫苗出現偶合反應，故占問之，後果然無事。
解法：今觀此卦，許以巽為疫苗，乾為體。主卦用巽生離火之體，互坎體克離，變乾體克巽，主互變均為吉象，必無事。

案例七十九　考試延期

事項：自占考試會延期嗎？
時間：2022 年 3 月 28 日 18 時 39 分。
四值：壬寅年癸卯月庚辰日乙酉時。
起卦：電腦隨機。
卦名：火水未濟之火澤睽。

	【本卦】	【互卦】	【變卦】	【錯卦】	【綜卦】
	火水未濟 （離）	水火既濟 （坎）	火澤睽 （艮）	水火既濟 （坎）	水火既濟 （坎）
體					
用					

占斷：不會延期。
反饋：後於酉日酉時通知延期。
解法：離為學校，克兌體之故，兌為酉，故應酉日酉時。

案例八十　射覆家事

事項：射覆，男問近日家中發生了何事？
時間：2022 年 3 月 30 日 17 時 18 分。
四值：壬寅年癸卯月壬午日己酉時。
起卦：電腦隨機。
卦名：天地否之天雷無妄。

	【本卦】 天地否 （乾）	【互卦】 風山漸 （艮）	【變卦】 天雷無妄 （巽）	【錯卦】 地天泰 （坤）	【綜卦】 地天泰 （坤）
體	▬▬▬ ▬▬▬ ▬▬▬	▬▬▬ ▬▬▬ ▬ ▬	▬▬▬ ▬▬▬ ▬▬▬	▬ ▬ ▬ ▬ ▬ ▬	▬ ▬ ▬ ▬ ▬ ▬
用	▬ ▬ ▬ ▬ ▬ ▬	▬ ▬ ▬▬▬ ▬▬▬	▬ ▬ ▬ ▬ ▬▬▬	▬▬▬ ▬▬▬ ▬▬▬	▬▬▬ ▬▬▬ ▬▬▬

占斷：女性長輩生病。
反饋：奶奶去世。
解法：坤為奶奶，上乾為天，坤生乾，升天了，坤化震木，被乾克制，故應大凶，或死或傷，震為卯，應在本月卯月，反饋果然。震為腿腳，故腿腳不利，反饋年後不久摔傷過。震為肝，受克不利，實為肝癌，於 27 日卯日寅時去世。

案例八十一　公務員考

事項：女占考公務員能否過。

時間：2022 年 3 月 31 日 21 時 49 分。

四值：壬寅年癸卯月癸未日癸亥時。

起卦：電腦隨機。

卦名：風火家人之風天小畜。

	【本卦】	【互卦】	【變卦】	【錯卦】	【綜卦】
	風火家人（巽）	火水未濟（離）	風天小畜（巽）	雷水解（震）	火澤睽（艮）

占斷：可以考過。

反饋：後筆試過關，面試未過。

解法：此不知有兩次考，一筆試一面試，當分占之，一卦一斷。

案例八十二　出租房屋

事項：男問什麼時候能把房子租出去？
時間：2022 年 1 月 3 日 18 時 43 分。
四值：辛丑年庚子月丙辰日丁酉時。
起卦：電腦隨機。
卦名：天火同人之乾為天。

	【本卦】	【互卦】	【變卦】	【錯卦】	【綜卦】
	天火同人 （離）	天風姤 （乾）	乾為天 （乾）	地水師 （坎）	火天大有 （乾）

占斷：午月遲則戌月。
反饋：後於庚戌月己未日出租出去，女人租的，計劃做美容。
解法：上乾不動為房子，下乾為此男，體乾比之，想租房子，乾為錢，離為心，想租房子賺錢。主卦離介入，以克上乾房子，離為女，故女人租房，乾為戌，故應戌月，離為美容，想用來美容。

案例八十三　夢魘纏身

事項：女問常年做噩夢夢見鬼，經常被鬼壓身。
時間：2022年1月6日12時54分。
四值：辛丑年辛丑月己未日庚午時。
起卦：電腦隨機。
卦名：水天需之水火既濟。

	【本卦】	【互卦】	【變卦】	【錯卦】	【綜卦】
	水天需	火澤睽	水火既濟	火地晉	天水訟
	（坤）	（艮）	（坎）	（乾）	（離）
體					
用					

占斷：此事雖有數年，然此卦得救矣，必於戌月或戌日得一男性道長之助，噩夢自消。

反饋：後果於本月戌日認識一屬狗男性道長，至晚上戌時道長至家中作法，自此後困擾數年鬼壓床不治而愈。

解法：坎為黑暗，故為鬼怪，克離之體，應當下鬼壓床之事，離化乾，克乾，乾為道士，為戌亥，然亥水克離，取戌，故戌日得道士之助。乾生坎，乾為坎之根，化離受制，坎無根則消，鬼怪自滅。

案例八十四　戒指丟失

事項：男占戒指丟失。
時間：2022 年 11 月 26 日 15 時 40 分。
四值：壬寅年辛亥月癸未日庚申時。
起卦：電腦隨機。
卦名：天地否之澤地萃。

	【本卦】	【互卦】	【變卦】	【錯卦】	【綜卦】
	天地否 （乾）	風山漸 （艮）	澤地萃 （兌）	地天泰 （坤）	地天泰 （坤）

占斷：

1. 此卦可矣，申酉空亡，酉空亡則兌空亡，兌為戒指，空亡則失。坤為口袋，兌為缺，口袋缺失。

2. 兌化乾，乾為圓滿，坤為口袋，口袋圓滿，物必尋。兌化乾，乾為西北，方向在西北，坤為未申，則今日明日兩天失物必尋。

反饋：後於申日申時在北偏西一點的車子裡找到。

案例八十五　教資報名

事項：男問報名教資能通過審核嗎？
時間：2022 年 1 月 26 日 13 時 32 分。
四值：辛丑年辛丑月己卯日辛未時。
起卦：電腦隨機。
卦名：雷風恒之澤風大過。

	【本卦】	【互卦】	【變卦】	【錯卦】	【綜卦】
	雷風恒	澤天夬	澤風大過	風雷益	澤山咸
	（震）	（坤）	（震）	（巽）	（兌）

占斷：可以通過。
反饋：果通過。
解法：巽為教資，震為體，主卦直讀動證書，震為動，巽為證書，變卦震體化兌，克用巽，報名通過。

案例八十六　麻將吉凶

事項：男問母親打麻將會贏錢嗎？
時間：2022 年 1 月 29 日 11 時 50 分。
四值：辛丑年辛丑月壬午日丙午時。
起卦：電腦隨機。
卦名：雷地豫之火地晉。

【本卦】	【互卦】	【變卦】	【錯卦】	【綜卦】
雷地豫	水山蹇	火地晉	風天小畜	地山謙
（震）	（兌）	（乾）	（巽）	（兌）

用
體

占斷：輸。
反饋：輸輸贏贏，一直打到晚上，總體輸了 20 多塊錢。
解法：
1. 坤為麻將，震為打，主卦直讀打麻將。男問母，本來應該坤為母親，然這裡特指麻將，故取離為母親，坤為麻將。
2. 主卦為打麻將，互卦水山蹇，過程艱難，且坎體受克，變卦離母親受坤耗泄，破財之兆。

案例八十七　聯繫應期

事項：女問對方什麼時候聯繫自己？
時間：2022年5月2日16時49分。
四值：壬寅年甲辰月乙卯日甲申時。
起卦：電腦隨機。
卦名：山水蒙之火水未濟。

【本卦】	【互卦】	【變卦】	【錯卦】	【綜卦】
山水蒙	地雷複	火水未濟	澤火革	水雷屯
（離）	（坤）	（離）	（坎）	（坎）

用

體

占斷：

1. 目前在來例假。離為體，為血，坎為流，直讀流血，故為例假，反饋正確。

2. 最近眼睛水腫。離為眼睛，坎為水，艮為腫，直讀眼睛水腫，反饋正確。

3. 母親兄弟姐妹四人。互坤為母，震為四，母親兄弟姐妹四人，反饋正確。

4. 21年處過對象，且開房。艮為丑，合坎卦子，坎為男，為性，故21年辛丑有對象。

5. 此例後續並未反饋聯繫應期。

案例八十八　　生死應期

事項：男占外婆病重何日離世？
時間：2022 年 5 月 3 日 0 時 2 分。
四值：壬寅年甲辰月丙辰日戊子時。
起卦：電腦隨機。
卦名：山風蠱之巽為風。

	【本卦】	【互卦】	【變卦】	【錯卦】	【綜卦】
	山風蠱 （巽）	雷澤歸妹 （兌）	巽為風 （巽）	澤雷隨 （震）	澤雷隨 （震）

占斷：巳日去世。
反饋：後於次日反饋去世。
解法：巽為外婆，上艮為墳，巽為入，巽為辰巳，巳火耗泄巽體，故取巳日。

案例八十九　　手機丟失

事項：男問手機丟失。

時間：2022年5月7日23時20分。

四值：壬寅年乙巳月辛酉日戊子時。

起卦：電腦隨機。

卦名：雷水解之火水未濟。

【本卦】	【互卦】	【變卦】	【錯卦】	【綜卦】
雷水解	水火既濟	火水未濟	風火家人	水山蹇
（震）	（坎）	（離）	（巽）	（兌）

用

體

占斷：手機被偷，找不回來。

反饋：果然被偷，至今未找回來，後報警，但因金額較小不予立案。

解法：

1. 離為手機，臨坎為失，坎為賊，克離為手機被偷。
2. 震為體，又為警察，故後續報警。
3. 震體生離火，用生體，失物必失，雖化泄坎水，只能起震攝作用，離化監控器，被克，故而無法查到。

案例九十　麻將輸贏

事項：男問打麻將輸贏？
時間：2022 年 5 月 10 日 22 時 24 分。
四值：壬寅年乙巳月癸亥日癸亥時。
起卦：方式未知。
卦名：雷火豐之地火明夷。

	【本卦】	【互卦】	【變卦】	【錯卦】	【綜卦】
	雷火豐	澤風大過	地火明夷	風水渙	火山旅
	（坎）	（震）	（坎）	（離）	（離）

用
體

占斷：贏錢。
反饋：果然贏錢三百。

案例九十一　男子複合

事項：男占複合。
時間：2022 年 5 月 25 日 20 時 59 分。
四值：壬寅年乙巳月戊寅日壬戌時。
起卦：電腦隨機。
卦名：山水蒙之地水師。

【本卦】	【互卦】	【變卦】	【錯卦】	【綜卦】
山水蒙 （離）	地雷複 （坤）	地水師 （坎）	澤火革 （坎）	水雷屯 （坎）

占斷：複合不了，且女方已有他人。
反饋：果未複合，但不知對方情況。
解法：坤為女生為用，坎為男為體，主變皆是剋體，所以不成，且艮為其他人，沖坤女生，必有他人糾纏。

案例九十二　證件丟失

事項：男占身份證丟失。
時間：2022年4月14日16時19分。
四值：壬寅年甲辰月丁酉日戊申時。
起卦：電腦隨機。
卦名：離為火之山火賁。

	【本卦】	【互卦】	【變卦】	【錯卦】	【綜卦】
	離為火（離）	澤風大過（震）	山火賁（艮）	坎為水（坎）	離為火（離）

用
體

占斷：斷東北方桌子旁。
反饋：果於東北桌子旁椅子上手提包裡找回。
解法：主卦下離為證件，變卦離火生艮土，艮為體，用生體表示找回，艮為桌子亦為東北，故應東北桌子旁。

案例九十三　工作關係

事項：女占工作人際關係。

時間：2022 年 9 月 21 日 21 時 02 分。

四值：壬寅年己酉月丁丑日辛亥時。

起卦：數字起卦。

卦名：雷澤歸妹之火澤睽。

【本卦】	【互卦】	【變卦】	【錯卦】	【綜卦】
雷澤歸妹	水火既濟	火澤睽	風山漸	風山漸
（兌）	（坎）	（艮）	（艮）	（艮）

占斷：工作是公務員，且人際關係不好被針對，且有爭吵。

反饋：果然為公務員，且一直被女同事針對。

解法：

1. 震為工作為用，兌為卦主為女，兌克震，震為公務員。
2. 互卦離火被坎水克，水火不容之象，坎為小人。
3. 變卦兌為嘴，離為火，嘴巴裡吐火，故為爭吵之象。

案例九十四　戒指丟失

事項：女占戒指丟失。
時間：2022 年 2 月 20 日 17 時 10 分。
四值：壬寅年壬寅月甲辰日癸酉時。
起卦：電腦隨機。
卦名：火山旅之天山遯。

	【本卦】	【互卦】	【變卦】	【錯卦】	【綜卦】
	火山旅	澤風大過	天山遯	水澤節	雷火豐
	（離）	（震）	（乾）	（坎）	（坎）

占斷：可以尋回，方向南，位置在櫃子桌子上。
反饋：果南方電腦桌上鼠標墊下找回。
解法：

1. 乾為貴重之物，為金屬，為戒指為用。艮為桌子，乾在艮上，表示戒指在桌子上。
2. 互兌亦為戒指，巽為鼠標墊，辰酉作合，戒指在鼠標墊下。
3. 乾化離，離為南方，故應南方找回。

案例九十五　封校回家

事項：女占封校這周還能回家嗎。

時間：2022 年 10 月 18 日 13 點 34 分。

四值：壬寅年庚戌月甲辰日辛未時。

起卦：電腦隨機。

卦名：火山旅之離為火。

	【本卦】	【互卦】	【變卦】	【錯卦】	【綜卦】
	火山旅 （離）	澤風大過 （震）	離為火 （離）	水澤節 （坎）	雷火豐 （坎）

體

用

占斷：可以順利回家。

反饋：後果然解封，之後順利回家。

解法：主卦離為體，艮為止，體生用表示自己受封，離為學校，學校也被封。變卦為上離下離，離為離開，為學校，故能離開學校回家。

案例九十六　身體疾病

事項：少女問身體疾病。
時間：2022 年 11 月 29 日 22 時 22 分。
四值：壬寅年辛亥月丙戌日乙亥時。
起卦：電腦隨機。
卦名：澤山咸之澤地萃。

	【本卦】	【互卦】	【變卦】	【錯卦】	【綜卦】
	澤山咸	天風姤	澤地萃	山澤損	雷風恒
	（兌）	（乾）	（兌）	（艮）	（震）

體

用

占斷：精神問題，腸胃問題，口腔或骨頭受過傷，且手部也受過傷。斷其精神問題在 17 年開始的，後 18 年不是很嚴重，19 年開始變嚴重，20 年最為嚴重，21 年住院或在家休養，22 年減輕有好轉。

反饋：全對。此女 17 年因校園暴力得了抑鬱症，18 年精神方面好轉，19 年初三校園欺凌加上學習壓力至使抑鬱症嚴重，20 年時上高一因為新的環境帶來的壓力導致重度抑鬱，21 年休

案例九十六　身體疾病

學一年在家，22年好轉後十一月分檢查由重度變為中度。

解法：

1. 互卦天風姤卦，巽木為神經被乾金所克，表示其神經有問題。
2. 主卦兌金為體觀其動爻在三爻，為下部問題，金為小腸，艮為止，表示腸胃不好。
3. 兌金為骨頭，兌為殘缺，艮卦為手，表現為骨頭殘缺或有缺口，艮為手為手部骨頭，又看在主卦，主卦代表左邊，故左手骨折。
4. 巽木為股為大腿，乾金克巽木，大腿被克所以受過傷。
5. 兌金為體，兌為頭為缺陷直讀頭部問題，兌坐支酉，所以斷她的抑鬱症是在酉年一七年所得，在戌年一八年為土年，土生金所以一八年有年令幫著所以不是很嚴重。亥年一九年為水年，水泄金，體被泄，所以這一年開始抑鬱症開始嚴重，在子年二〇年時兌金仍舊被泄故變得更嚴重。丑為金之墓庫所以在丑年二一年時兌金入墓，入墓代表住院，不動，所以在這一年休學在家休養。寅年二二年為木，兌金克之，沒有被克，所以這一年有所好轉。

案例九十七　異國他鄉

事項：女占複合。
時間：2022 年 7 月 19 日 02 時 56 分。
四值：壬寅年丁未月癸酉日癸丑時。
起卦：電腦隨機。
卦名：水地比之澤地萃。

	【本卦】	【互卦】	【變卦】	【錯卦】	【綜卦】
	水地比	山地剝	澤地萃	火天大有	地水師
	（坤）	（乾）	（兌）	（乾）	（坎）

用

體

占斷：異地戀，可以複合。

反饋：此女遠在英國,男友在國內,求測前日此女提出分手,次日後悔求測能否複合,不久即反饋兩人複合。

解法：

1. 兌為女,坎為男,不在同卦表示異地戀,兌女在變卦,變卦主遠,故女方遠在外國,男方坎在主卦,主卦主近,故男方在國內。
2. 坤生體為吉,兌生坎,兌為嘴巴,女方可以聯繫到男的,故複合。後於子日複合,整卦看女生有主動權。

案例九十八　脫單應期

事項：男問什麼時候能脫單。
時間：2022年6月6日02時29分。
四值：壬寅年丙午月辛卯日己丑時。
起卦：電腦隨機。
卦名：風地觀之風山漸。

【本卦】	【互卦】	【變卦】	【錯卦】	【綜卦】
風地觀	山地剝	風山漸	雷天大壯	地澤臨
（巽）	（艮）	（巽）	（震）	（坤）

占斷：快則未申日，遲則次月未月。
反饋：後於占斷後不久申日脫單。
解法：
　　1. 巽為體，坤為用，主卦克用表示有喜歡的女孩子，反饋確實有一個。
　　2. 變卦還是體克用，也是可以找到對象之意，坤為未申，結合暗戀來看斷快則未申日快則未申月，實則五日後申日表白成功。

案例九十九　貓咪丟失

事項：男占貓咪丟失。

時間：2022 年 11 月 11 日 22 點 07 分。

四值：壬寅年辛亥月戊辰日癸亥時。

起卦：電腦隨機。

卦名：水天需之水風井。

	【本卦】	【互卦】	【變卦】	【錯卦】	【綜卦】
	水天需 （坤）	火澤睽 （艮）	水風井 （震）	火地晉 （乾）	天水訟 （離）
體					
用					

占斷：貓咪是黑色，可以找回來，方向東南方，應期二日內。

反饋：後於東南方床底下找回。

解法：

1. 乾為體為卦主，坎為貓，為黑，故為黑貓，體生用表示貓咪丟失。

2. 乾化巽卦，變卦用坎為貓，生體為吉，表示貓咪可以找到，甚至自己回來，坎為子時，後於當晚 23 時 39 分尋回。

案例一〇〇　男占鼻炎

事項：男占鼻炎什麼時候好。

時間：2022 年 5 月 6 日 16 點 38 分。

四值：壬寅年乙巳月己未日壬申時。

起卦：電腦隨機。

卦名：離為火之火山旅。

占斷：次月午月病癒。

反饋：果於午月鼻炎恢復健康。

	【本卦】 離為火 （離）	【互卦】 澤風大過 （震）	【變卦】 火山旅 （離）	【錯卦】 坎為水 （坎）	【綜卦】 離為火 （離）
體					
用					

解法：

1. 變卦離為炎症，艮為體為鼻子，變卦直讀鼻炎，離生體，症狀並不嚴重。

2. 主卦艮體化離，比助上離，動化回頭生，病即愈，離坐支為午，故應午月，離為藥，吃藥就能好。

案例一〇一　事業發展

事項：女問事業。
時間：2022年8月11日0點51分。
四值：壬寅年戊申月丙申日戊子時。
起卦：時間起卦。
卦名：地天泰之地風升。

	【本卦】	【互卦】	【變卦】	【錯卦】	【綜卦】
	地天泰（坤）	雷澤歸妹（兌）	地風升（震）	天地否（乾）	天地否（乾）
體					
用					

占斷：事業運大好，且為小領導，後斯必定升職。
反饋：後於占斷後不久月份內即升職。
解法：

1. 坤為事業，為用，卦主為巽克之，坤為眾人，實際在美容店當主管。卦名為泰，穩固之意，故工作穩定。

2. 主卦用生體，乾為財，故工資收入高，變卦體克用為吉，卦名為升，坤為未申，故應八月份即申月升職一事。

案例一〇二　外婆走失

事項：女問外婆失蹤，吉凶如何？

時間：2022 年 6 月 18 日 10 點 44 分。

四值：壬寅年丙午月壬寅日乙巳時。

起卦：電腦隨機。

卦名：水天需之澤天夬。

	【本卦】	【互卦】	【變卦】	【錯卦】	【綜卦】
	水天需	火澤睽	澤天夬	火地晉	天水訟
	（坤）	（艮）	（坤）	（乾）	（離）
用					
體					

案例一○二　外婆走失

占斷：人安全，去了西北方向，應今天下午可以找到。
反饋：後於西北方向車站找到。
解法：

1. 外婆為坤，卦中無坤，且最大年齡的卦為離，但因在互卦不取，故取兌為外婆，兌為缺，乾為頭，坎為病，故外婆頭上有病才會走失。
2. 兌坐乾，乾為西北，故外婆去了西北方。
3. 主卦坎為外婆，為失，乾金生之，失而無凶。
4. 曾占一九年杭州殺妻案，卦凶至極，然未保存之，不記原卦。

案例一〇三　射覆物品

事項：現場與一六爻高手PK射覆。
背景：一男問紅色盒子裡是什麼。
時間：2022年5月12日11時51分。
四值：壬寅年乙巳月乙丑日壬午時。
起卦：電腦隨機。
卦名：火地晉之雷地豫。

【本卦】	【互卦】	【變卦】	【錯卦】	【綜卦】
火地晉	水山蹇	雷地豫	水天需	地火明夷
（乾）	（兌）	（震）	（坤）	（坎）

占斷：必為草木之物，且為乾燥草木，如蚊香，茶葉類。
反饋：果為茶葉。
解法：主卦坤為盒子，離火為紅，直讀紅色盒子。變卦震為草木，克坤盒子，盒子裡為草木之物，震化離，離為乾燥，必乾燥之草木，故應茶葉。

案例一〇四　投資賬款

事項：男占投資的幾十萬賬款什麼時候能要回？
時間：2022 年 5 月 13 日 10 時 48 分。
四值：壬寅年乙巳月丙寅日癸巳時。
起卦：方式未知。
卦名：山天大畜之風天小畜。

	【本卦】	【互卦】	【變卦】	【錯卦】	【綜卦】
	山天大畜 （艮）	雷澤歸妹 （兌）	風天小畜 （巽）	澤地萃 （兌）	天雷無妄 （巽）

用

體

占斷：午月。
反饋：後於午月拿回一部分，另有一部分至今未要回。
解法：乾為資金，艮為體，土生金，表示想著賬款的事，變卦艮體化巽木，受乾克制，須待午月制乾，則體不受克，制乾則得財。但因體巽畢竟受克，所以難以全部要回。

案例一〇五　感情姻緣

事項：26歲男問姻緣。

時間：2022年5月17日22時31分。

四值：壬寅年乙巳月庚午日丁亥時。

起卦：電腦隨機。

卦名：地水師之坤為地。

【本卦】	【互卦】	【變卦】	【錯卦】	【綜卦】
地水師 （坎）	地雷複 （坤）	坤為地 （坤）	天火同人 （離）	水地比 （坤）

占斷：感情不順，幾經坎坷，一六年分手，一八年處對象，二〇年又分手，且女友有過墮胎，至明年癸卯方有他緣。

反饋：果然於一六年畢業時分手，後於一八年又複合，皆為初戀，至二〇年徹底分手，一九年墮胎。

解法：

1. 坤為女友，為子宮，下坎為血液，主卦表示過去，故有墮胎之象。
2. 坎受坤克，男被女友克，表示分手，坎為六，故應一六年分手，坎為子，故應二○年庚子分手。
3. 坎為坤體，下坤比助上坤，為男克女，表示處對象，坤為八，故一八年處對象。
4. 互震為體，克坤女，表示處對象，震為卯，應明年癸卯脫單。

案例一○六　眼睛失明

事項：女占母親左眼看不見，能治好嗎？
時間：2022 年 5 月 21 日 10 時 16 分。
四值：壬寅年乙巳月甲戌日己巳時。
起卦：電腦隨機。
卦名：火地晉之天地否。

	【本卦】	【互卦】	【變卦】	【錯卦】	【綜卦】
	火地晉	水山蹇	天地否	水天需	地火明夷
	（乾）	（兌）	（乾）	（坤）	（坎）

用
體

占斷：至明年可以找到醫生以治癒。
反饋：未反饋。

案例一〇六　眼睛失明

解法：

1. 離為此女，生坤土，體生什麼表示想什麼，這裡指女生想著母親的事，坤為母。
2. 坤為母，上離為眼睛，為母親眼睛，故以離為體。
3. 離為眼睛，坤為雲霧，為昏暗，直讀眼睛看到的都是模糊的感覺。
4. 離化乾，乾得坤生，體受生，人必愈。
5. 主卦五爻發動，五爻為目，陰爻為疾，爻位判斷眼目之疾，陰爻化陽，陽爻為健康，故眼疾必愈。

案例一〇七　貓咪丟失

事項：女問父親把家裡的小貓弄丟了。
時間：2022 年 11 月 5 日 7 時 50 分。
四值：壬寅年庚戌月壬戌日甲辰時。
起卦：電腦隨機。
卦名：火天大有之火澤睽。

【本卦】	【互卦】	【變卦】	【錯卦】	【綜卦】
火天大有	澤天夬	火澤睽	水地比	天火同人
(乾)	(坤)	(艮)	(坤)	(離)

占斷：此為小母貓，貓貓吉凶安全，無事，可以找回，由女人找回。
反饋：果為小母貓，後於次日母親找回。

解法：

1. 乾為父，卦裡兩現乾卦，先考慮主卦乾父，離火克之，沒有父親找貓的信息。
2. 再以互乾為父考慮，乾比助上兌，父親找貓，信息對應，兌為少女，在貓則為小母貓，故丟失的是小母貓。
3. 變卦兌為此小母貓，離為中年女人，克之，體克用，離為眼睛，克之為看到，故應母親找回。
4. 再回看主卦，離母克乾父，表示母親管制父親而已，乾為財，母親管錢。

案例一〇八　金毛病逝

事項：女問金毛何時去世？
時間：2022年9月19日0時6分。
四值：壬寅年己酉月乙亥日丙子時。
起卦：電腦隨機。
卦名：澤火革之天火同人。

【本卦】	【互卦】	【變卦】	【錯卦】	【綜卦】
澤火革	天風姤	天火同人	山水蒙	火風鼎
（坎）	（乾）	（離）	（離）	（離）

用

體

占斷：此為雄性金毛，已為老狗，下月必卒。
反饋：果為雄性，已十餘年，目前疾病纏身，後於戌月辰日去世。
解法：
1. 互卦乾為金，巽為毛，直讀金毛，變卦乾為體，為此金毛，乾對應人為老年男性，對應金毛則為老年雄性金毛。
2. 乾受離克，乾為戌亥，故戌月必死，不應亥月者，亥水克離火之故。
3. 離為靜體，火墓於戌，戌月入墓則死。

案例一〇九　乘坐航班

事項：女占自坐的航班是否會出事。
時間：2022年6月6日21點41分。
四值：壬寅年丙午月庚寅日辛巳時。
起卦：電腦隨機。
卦名：巽為風之天風姤。

【本卦】	【互卦】	【變卦】	【錯卦】	【綜卦】
巽為風	火澤睽	天風姤	震為雷	兌為澤
（巽）	（艮）	（乾）	（震）	（兌）

用

體

占斷：無事，僅有氣流顛簸。
反饋：果然平安，無事發生，只是有些小顛簸。
解法：

1. 變卦乾為天，為大金屬，引申為飛機，主卦比合，互卦與變卦均為體克用，故飛機無事。
2. 下巽作為卦主，乾克巽代表卦主思緒擔心，擔心被飛機所傷，巽為神經，故神經緊張。
3. 乾化巽，巽為氣流，飛機遇到氣流之意。

案例一一〇　借款逾期

事項：男問母親借出 25 萬元還能要回來嗎，已逾期數日。

時間：2022 年 2 月 9 日 16 時 38 分。

四值：壬寅年壬寅月癸巳日庚申時。

起卦：電腦隨機。

卦名：風澤中孚之天澤履。

【本卦】	【互卦】	【變卦】	【錯卦】	【綜卦】
風澤中孚	山雷頤	天澤履	雷山小過	風澤中孚
（艮）	（巽）	（艮）	（兌）	（艮）

用

體

占斷：此為女子所借，必然可以要回，應在亥日。

反饋：果為一女所借，且此女信基督，是一個天主教基督徒，至 2 月 19 日反饋連本帶利盡數要回。

解法：

1. 卦中無坤，以巽為母，巽受兌克，兌為女，故應女子借錢。

2. 主卦兌克了巽，從下往上讀，直讀 25，故應 25 萬。

3. 兌為嘴巴，為說，乾為神靈，為上帝，巽為經文，故應此女為基督徒。

4. 巽化乾比助兌用，錢必要回。

案例一一一　　幻視鬼怪

事項：女問病。
時間：2022年11月1日20時52分。
四值：壬寅年庚戌月戊午日壬戌時。
起卦：電腦隨機。
卦名：天水訟之澤水困。

【本卦】	【互卦】	【變卦】	【錯卦】	【綜卦】
天水訟	風火家人	澤水困	地火明夷	水天需
（離）	（巽）	（兌）	（坎）	（坤）

用
體

占斷：此病無事，可以治癒，然此病特殊，恐有陰性信息。

反饋：此女經常出現幻覺，且看到鬼怪，抑鬱症數年，現吃藥已基本上穩定下來，後續慢慢恢復。

解法：

1. 兌為此少女，兌生坎，生什麼表示想什麼，坎為病，兌為問，故為問病之事。坎為鬼，乾為神，恐涉及神鬼之事。

2. 主卦兌化乾，上爻為頭，陰爻化陽，兌為缺，化乾為圓滿，故為大吉。雖有耗泄，不至於凶危。

案例一一二　論文投稿

事項：女問論文能否投稿在目前的這家期刊？
時間：2022年5月4日21時34分。
四值：壬寅年甲辰月丁巳日辛亥時。
起卦：電腦隨機。
卦名：風雷益之風火家人。

	【本卦】	【互卦】	【變卦】	【錯卦】	【綜卦】
	風雷益 （巽）	山地剝 （乾）	風火家人 （巽）	雷風恒 （震）	山澤損 （艮）

占斷：投稿必失。
反饋：後於5月24日反饋沒有過稿。
解法：巽木為稿，又為女生本人，被主卦震木比助，又被離火耗泄，主互變均為不吉，故為凶象，投稿必失。

案例一一三　團員證件

事項：女問團員證件資料能否找到？
時間：2022 年 9 月 2 日 22 時 31 分。
四值：壬寅年戊申月戊午日癸亥時。
起卦：電腦隨機。
卦名：天澤履之乾為天。

【本卦】	【互卦】	【變卦】	【錯卦】	【綜卦】
天澤履	風火家人	乾為天	地山謙	風天小畜
（艮）	（巽）	（乾）	（兌）	（巽）

占斷：證件可以找回，在父母房間的櫃子裡，最好讓爸爸幫忙找，二十三點之前就能找到。

反饋：後父親於 22 時 59 分在衣櫃裡找到。

解法：

1. 此卦較一般失物卦特殊，主卦下兌為此少女，為體，互卦上巽為團員證件。

2. 主卦兌為缺，乾為證件，又為父，因父親而丟失證件，故此證件為父親所拿。

3. 互離為體，巽為證件，用巽生體離，失物必歸，離為午，當日午日，故當日即可尋回。

案例一一四　夢之兆應

事項：男占夢。

背景：因夢得二樓子房子倒塌但未傷到自己，故占問此夢吉凶如何？

時間：2022年6月8號8時11分。

四值：壬寅年丙午月壬辰日甲辰時。

起卦：電腦隨機。

卦名：雷澤歸妹之兌為澤。

	【本卦】	【互卦】	【變卦】	【錯卦】	【綜卦】
	雷澤歸妹	水火既濟	兌為澤	風山漸	風山漸
	(兌)	(坎)	(兌)	(艮)	(艮)

用

體

占斷：此卦為吉，應得財或者飲食之喜。
反饋：後於酉日反饋朋友請客吃飯。
解法：

1. 房子在二樓，正應變卦之兌卦，兌為2，兌為破損，震為體，為卦主本人，為動。直讀，2樓房子倒塌。

2. 主卦震為動，兌為嘴巴，動嘴巴之事，故應朋友請客吃飯。

3. 兌坐酉，故應酉日。

案例一一五　流年運程

事項：26歲女占流年運勢。
時間：2022年6月28日。
四值：壬寅年丙午月壬子日。
起卦：電腦隨機。
卦名：天雷無妄之澤雷隨。

	【本卦】	【互卦】	【變卦】	【錯卦】	【綜卦】
	天雷無妄	風山漸	澤雷隨	地風升	山天大畜
	（巽）	（艮）	（震）	（震）	（艮）

用

體

占斷：去年二一年財運不佳，今年二二年好轉，一八年至一九年較好，且一九年有傷腿信息，此外去年還有小官司但不嚴重。
反饋：確實是這樣。

解法：

1. 兌卦為體，為二，為二二年，克用卦震木，故二二年財運應吉。
2. 主卦乾為體，為一，為二一年，克震木為用，二一年亦吉，但又因二一年地支為丑，兌金體卦入墓，故有吉有凶。
3. 換體，再以震木為四肢，為腿腳，受主卦乾金克，變卦兌金克，乾為九，為一九年，故應一九年傷腿。
4. 乾卦為官，震為動，直讀動了官，乾卦為經濟糾紛，震木為公司，震木被乾所克代表有關公司，乾為一，因此對應二一年，故去年二一年還有官司。

案例一一六　落葉兆應

事項：自占兆應。
背景：見一黃葉飄落，左手下意識的抓住，至家發現左手有葉，以之為應，占之。
時間：2022年10月9日10時3分。
四值：壬寅年庚戌月乙未日辛巳時。
起卦：電腦隨機。
卦名：澤風大過之澤天夬。

	【本卦】	【互卦】	【變卦】	【錯卦】	【綜卦】
	澤風大過	乾為天	澤天夬	山雷頤	澤風大過
	（震）	（乾）	（坤）	（巽）	（震）

體
用

案例一一六　落葉兆應

占斷：戌日有凶。
反饋：後於戌日酉時吃魚時魚刺卡喉。
解法：

1. 巽為樹葉，臨兌為秋，為黃，故為黃葉。兌為破損，故為破損的黃色秋葉。
2. 兌為體，克巽為樹葉，主卦為左，故為左手抓之之事。
3. 有事即有應，變卦為應，乾為骨，為刺，上兌為口，兌又為喉，故有吃魚被卡之應。
4. 乾為戌，故應戌日。兌為酉，故應酉時。

案例一一七　脫單應期

事項：男問什麼時候有對象。

時間：2022 年 7 月 28 日 21 時 15 分。

四值：壬寅年丁未月癸未日癸亥時。

起卦：電腦隨機。

卦名：水澤節之兌為澤。

	【本卦】	【互卦】	【變卦】	【錯卦】	【綜卦】
	水澤節 （坎）	山雷頤 （巽）	兌為澤 （兌）	火山旅 （離）	風水渙 （離）

占斷：最快應今年秋季可以脫單。

反饋：後於九月份開學沒幾天就新認識了一個女生，不久後於酉月兩人相處為情侶。

解法：

1. 主卦中坎為體，下兌為女方。主卦用來生體，變卦體坎化兌，兌為女，上兌又比助下兌，主變皆為吉象，故必然脫單。

2. 兌卦坐支為酉，因此應農曆九月，兌卦生坎，代表女方主動找卦主。

案例一一八　疫情解封

事項：男問何時能解封？
時間：2022 年 10 月 14 日 17 時 12 分。
四值：壬寅年庚戌月庚子日乙酉時。
起卦：電腦隨機。
卦名：水山蹇之地山謙。

【本卦】	【互卦】	【變卦】	【錯卦】	【綜卦】
水山蹇	火水未濟	地山謙	火澤睽	雷水解
（兌）	（離）	（兌）	（艮）	（震）

用
體

占斷：當日被封的，九日後申日可解封。
反饋：果於當日封控，22 日申日反饋解封。
解法：

1. 艮為止，為封，上坎為體。
2. 坎體受艮克，艮為止，子丑作合，坎為子，故應子日被封控。
3. 坎化坤，坤體沖艮，艮止無力，則必解封，坤為未申，因未日克坎，申日化艮又生坎，故應取申日。

案例一一九　老人走失

事項：占老奶奶走失吉凶如何。
時間：2021 年 11 月 8 日。
四值：辛丑年己亥月庚申日。
起卦：報數起卦。
卦名：天山遯之天火同人。

【本卦】	【互卦】	【變卦】	【錯卦】	【綜卦】
天山遯	天風姤	天火同人	地澤臨	雷天大壯
（乾）	（乾）	（離）	（坤）	（坤）

體
用

占斷：人無事，應戌日亥時之前回家。
反饋：果於戌日午時老人自己回家。
解法：

1. 卦裡無坤，取互巽為老人，巽受乾沖克，巽為腿，逢沖必動，表示老人走失之事。
2. 變卦的離為老人，克用卦乾，體克用為吉。
3. 乾為戌亥，亥日克離不吉，戌日離火入墓，入墓表示歸家。
4. 離火化艮，艮為家，亦是老人回家之象。

案例一二〇　婆婆走失

事項：女問婆婆一早出門了至今未歸。
時間：2022 年 8 月 6 日 15 時 14 分。
四值：壬寅年丁未月辛卯日丙申時。
起卦：報數起卦。
卦名：風水渙之山水蒙。

	【本卦】	【互卦】	【變卦】	【錯卦】	【綜卦】
	風水渙	山雷頤	山水蒙	雷火豐	水澤節
	（離）	（巽）	（離）	（坎）	（坎）

占斷：人無事，今晚戌時必歸家。
反饋：果於戌時反饋人找到。
解法：

1. 巽為婆婆，臨坎為失，巽為腿，直讀婆婆走失。
2. 主卦用生體，為吉，變卦巽化艮，艮體克用坎，亦為吉，故人必無事。
3. 應戌時者，艮為陽土之故。

案例一二一　銀行貸款

事項：男問明天貸款能成功嗎？
時間：2022年9月7日14時39分。
四值：壬寅年己酉月癸亥日己未時。
起卦：電腦隨機。
卦名：山澤損之風澤中孚。

	【本卦】	【互卦】	【變卦】	【錯卦】	【綜卦】
	山澤損	地雷複	風澤中孚	澤山咸	風雷益
	（艮）	（坤）	（艮）	（兌）	（巽）

用
體

占斷：大約想貸款二十萬，貸款不到。
反饋：後反饋果然失敗。
解法：

1. 此兌在靜卦，兌為金，代表銀行金融一類公司，艮為卦主，艮生兌應為卦主去貸款。

2. 互卦地雷複，卦名有反復之意。說明此事要反復，而變卦中艮化巽，被兌卦克制，用剋體意為申請貸款失敗。兌為缺，巽為合同證書，直讀證書有缺。

3. 艮生兌，兌為二，應貸款二十萬左右。

案例一二二　狗狗丟失

事項：男占寵物狗丟失。
時間：2021年9月17日12時11分。
四值：辛丑年丁酉月戊辰日戊午時。
起卦：報數起卦。
卦名：雷火豐之澤火革。

	【本卦】	【互卦】	【變卦】	【錯卦】	【綜卦】
	雷火豐 （坎）	澤風大過 （震）	澤火革 （坎）	風水渙 （離）	火山旅 （離）

用

體

占斷：可以回來，被一女子送回。
反饋：後於未時被一女子送回。
解法：

1. 艮為狗，卦裡不現，定震木為狗，為行動，引申為丟失，震坐離，跑南方了。
2. 震木化兌，被用卦離所克，故能回來，震木所化兌，兌為年輕女子，因此是被一女子帶回。

案例一二三　財運發展

事項：男子占財運。

時間：2022 年 5 月 18 號 19 點 44 分。

四值：壬寅年乙巳月辛未日戊戌時。

起卦：電腦隨機。

卦名：天雷無妄之風雷益。

【本卦】	【互卦】	【變卦】	【錯卦】	【綜卦】
天雷無妄	風山漸	風雷益	地風升	山天大畜
（巽）	（艮）	（巽）	（震）	（艮）

用

體

占斷：財運方面壓力比較大，尤其秋天要購置大物件破財，本年運勢一般。

反饋：最近腿腳一直磕碰，秋天買房要還貸款，因為準備結婚，經濟方面確實壓力比較大。

解法：

1. 占財運，一般會出現乾卦，直接代表財運，此卦乾為用，下震為體。
2. 乾卦剋體震，代表財運方面壓力很大，乾卦是大物件，可以代表車子房子，乾卦是秋季，因此代表卦主秋季破財會嚴重。
3. 變卦比和，巽卦為春，明年春季壓力緩解一些，但還是會有壓力，因此今年運勢平平。

案例一二四　投資欠款

事項：女占母投資數十萬還能要回嗎？
背景：在某網站APP上投資後不久，平臺倒閉，老闆攜款而逃。
時間：2022年6月26日19時19分。
四值：壬寅年丙午月庚戌日丙戌時。
起卦：電腦隨機。
卦名：地天泰之地火明夷。

【本卦】	【互卦】	【變卦】	【錯卦】	【綜卦】
地天泰 （坤）	雷澤歸妹 （兌）	地火明夷 （坎）	天地否 （乾）	天地否 （乾）

體
用

占斷：本月即可要回。

反饋：果於午月最後兩天連本帶利盡數要回。

解法：

1. 坤為母親，生了乾金，乾為資金，生什麼表示想什麼，主卦表示母親想著錢的事，又表示投資之事。
2. 變卦乾化離，離為軟件，為虛擬平臺，由乾而化，此必然是虛擬財物。
3. 離生坤母，離坐午，午月即要回。

案例一二五　六級考試

事項：女占弟弟英語六級考試能否過關。
時間：2022 年 8 月 12 日 21 時 47 分。
四值：壬寅年戊申月丁酉日辛亥時。
起卦：電腦隨機。
卦名：天風姤之澤風大過。

【本卦】	【互卦】	【變卦】	【錯卦】	【綜卦】
天風姤	乾為天	澤風大過	地雷復	澤天夬
（乾）	（乾）	（震）	（坤）	（坤）

用
體

占斷：可以通過。
反饋：後反饋 443 分順利通過。
解法：

1. 占考試，逢巽代表考試卷，用卦取巽，對應的體卦取乾卦。
2. 主卦乾體克巽，代表考試一開始就是吉的，互卦比合，中間過程亦順，結果應變卦，兌卦是乾卦的變體，克巽，體克用應吉，因此可過。

案例一二六　少男問病

事項：男問病。

時間：2022 年 10 月 3 日 14 時 14 分。

四值：壬寅年己酉月己丑日辛未時。

起卦：報數起卦。

卦名：地風升之水風井。

	【本卦】	【互卦】	【變卦】	【錯卦】	【綜卦】
	地風升 （震）	雷澤歸妹 （兌）	水風井 （震）	天雷無妄 （巽）	澤地萃 （兌）

占斷：此卦問題較多，以胃病，精神病最為突出，都難以治癒。

反饋：果有胃病數年，至今仍在吃藥，且患有精神分裂數年，休學看病中。

解法：男占以坎為體，主卦坤體明顯受克，坤為胃，乃是胃病。互體震木又受克，震木為精神，兌為破損，為分裂，故有精神分裂之應，主互均為用剋體，變卦體亦又受泄，均為不吉。故占病應凶，難以治癒。

案例一二七　女子複合

事項：女問複合。

時間：2022 年 5 月 8 日 18 時 32 分。

四值：壬寅年乙巳月辛酉日丁酉時。

起卦：電腦隨機。

卦名：雷水解之雷地豫。

【本卦】	【互卦】	【變卦】	【錯卦】	【綜卦】
雷水解 （震）	水火既濟 （坎）	雷地豫 （震）	風火家人 （巽）	水山蹇 （兌）

體

用

占斷：此感情必於一六年前後戀愛，過程不順，且不能複合。

反饋：果於一五年底，一六年初與男友談戀愛，分手已半年，至今未複合。

解法：

1. 上震為用，為男朋友，下坤為體。主卦體生用不利，變卦用剋體，均無吉象，感情必分。
2. 互坎離水火不容，意味矛盾嚴重，變卦震木克制坤，代表矛盾還會依舊僵持。
3. 主卦雷水解，震為動，坎為性，動了性事，坎為六，因此斷 16 年處對象。

案例一二八　工作調動

事項：女占自己工作能否調動成功。
時間：2022年8月23日6時48分。
四值：壬寅年戊申月戊申日乙卯時。
起卦：時間起卦。
卦名：水山蹇之地山謙。

【本卦】	【互卦】	【變卦】	【錯卦】	【綜卦】
水山蹇	火水未濟	地山謙	火澤睽	雷水解
(兌)	(離)	(兌)	(艮)	(震)

占斷：調動必然不成。

案例一二八　工作調動

反饋：沒有調動成功。
解法：

1. 主卦卦名水山蹇，蹇者寒足之意，子丑作合，合者不動矣，主卦已顯不成。
2. 再看體用，主變只有坤是陰卦，因此坤為卦主本人，年紀是一個中年婦女，艮卦代表公司。
3. 變卦坤沖艮，表示當下想動，但是化出的坎被合克，用剋體應不吉，所以沒有調動成功。
4. 坤卦坐支未申，七八月份，也就是說此事就是這兩個月想動的。

案例一二九　婚姻感情

事項：女占婚姻能否成？
背景：女方89年生人，男方82年生人。
時間：2022年9月1號3時23分。
四值：壬寅年戊申月丁巳日壬寅時。
起卦：數字起卦。
卦名：兌為澤之水澤節。

【本卦】	【互卦】	【變卦】	【錯卦】	【綜卦】
兌為澤	風火家人	水澤節	艮為山	巽為風
（兌）	（巽）	（坎）	（艮）	（巽）

占斷：異地戀，結婚可以但需要慢慢相處，19年和14年前後有過感情危機。

反饋：果為異地，女方在香港，男方在大陸，14 年女方吵架分手之事，18 年時有過離婚。

解法：

1. 主卦中上兌為卦主，變卦上卦的坎為男方，一主一變故為異地戀。
2. 兌金生坎水，說明兩人關係十分融洽。
3. 一四年為震，震兌相沖，一八年為戌，克制坎為男方，故一八年離婚。

案例一三〇　疫情被困

事項：自占因疫情被困，考試臨近，何時得以解封參加考試。

時間：2022 年 10 月 15 日 8 時 31 分。

四值：壬寅年庚戌月辛丑日壬辰時。

起卦：電腦隨機。

卦名：雷山小過之地山謙。

【本卦】	【互卦】	【變卦】	【錯卦】	【綜卦】
雷山小過	澤風大過	地山謙	風澤中孚	雷山小過
（兌）	（震）	（兌）	（艮）	（兌）

用
體

占斷：七日後未日必然解封。

案例一三〇　疫情被困

反饋：當時已被封控月餘，且 23 日市里有考試，無奈蔔之，得此卦後占得未日解封，應 21 日，剛好離考試還有兩日，於是安心複習，後於 20 日先行一步，21 日家裡傳來消息已經解封通車，後於 23 日順利參加考試，五門皆過。當時有不少人因疫情嚴重而棄考，而筆者卦象大吉，遂以卦決策，果一路平安。

解法：

1. 艮為止，震為車，主卦直讀止車，變卦直讀止路，車路皆止，封控之象。
2. 然卦中艮受震木之克，又受坤土之沖，解封必須不久。
3. 坤為未申，應未申日，然申日克了震木，故取未日。

案例一三一　包包丟失

事項：男占包包丟失。
時間：2022年7月4日17時37分。
四值：壬寅年丙午月戊午日辛酉時。
起卦：電腦隨機。
卦名：雷火豐之地火明夷。

【本卦】	【互卦】	【變卦】	【錯卦】	【綜卦】
雷火豐	澤風大過	地火明夷	風水渙	火山旅
（坎）	（震）	（坎）	（離）	（離）

占斷：可以找回，應期當日，方向西南方位，位置衣服柔軟處。
反饋：於不久後反饋床上的枕頭下面找到。
解法：
1. 離為中空之物，為包包，震木為體，主卦震木生離代表包包丟失。
2. 變卦中震木化坤，坤為未，離為午，午未作合，合則不失，離卦生坤，用生體亦應吉，坤卦所在方位是西南，坤卦代表衣服床，坤下臨離，代表包在坤的下方。故應枕頭下。

案例一三二　男人病危

事項：某易友問一男人病。

時間：2021 年 11 月 13 日 23 時 30 分。

四值：辛丑年己亥月乙丑日戊子時。

起卦：報數起卦。

卦名：山地剝之山雷頤。

【本卦】	【互卦】	【變卦】	【錯卦】	【綜卦】
山地剝	坤為地	山雷頤	澤天夬	地雷複
（乾）	（坤）	（巽）	（坤）	（坤）

體
用

占斷：此卦恐為大凶。

反饋：腦出血死亡。

解法：

1. 震為男人，為陽，為動，艮為止，這是已經不能動的卦象。艮為墳，下震為男人，墳下埋男。

2. 主卦為山地剝，群陰剝陽之象，十分兇險。變卦是山雷頤，乃是大離，大出血。

案例一三三　　男同事病

事項：女問男同事病。

時間：2022 年 10 月 3 日 12 時 13 分。

四值：壬寅年己酉月己丑日庚午時。

起卦：電腦隨機。

卦名：山澤損之火澤睽。

【本卦】	【互卦】	【變卦】	【錯卦】	【綜卦】
山澤損 （艮）	地雷複 （坤）	火澤睽 （艮）	澤山咸 （兌）	風雷益 （巽）

用

體

占斷：此為肺癌，人已經不能動了，恐明年大限。

反饋：果然肺癌，求測時人在手術，身體極度虛弱，年方二十四歲，抽煙所致，後續反饋待驗。

解法：

1. 艮為男，為少年，年齡必然不大，實際反饋 24 歲。艮生了兌，表示在想兌的事，引申為男生在想肺部的疾病，轉換體用，以兌為體。
2. 兌為體，為肺，雖有艮生，亦不以吉論，離火為炎症克之，變卦肺炎明顯，離化艮，艮為癌，由炎症到癌之象。
3. 離為日，艮為山，兌為西，日落西山之意，人必死。
4. 兌金為體入墓於日支，入墓表示住院。
5. 時幹庚金為肺，坐午火之克，肺病提示明顯。
6. 兌為嘴巴，離為煙，長期抽煙導致。

案例一三四　教師考試

事項：女占教師資格考試科目一能否過。
時間：2021 年 11 月 2 日 19 時 25 分。
四值：辛丑年己亥月甲申日甲戌時。
起卦：時間起卦。
卦名：地火明夷之地雷復。

【本卦】	【互卦】	【變卦】	【錯卦】	【綜卦】
地火明夷	雷水解	地雷復	天水訟	火地晉
(坎)	(震)	(坤)	(離)	(乾)

占斷：必然過關，但是分數不高。
反饋：60 分過關，反饋考了 73。
解法：
1. 坤卦代表考場，離卦代表卦主，離卦為午，合坤未，自己與考場相合，開始考試順利。
2. 結果應變卦，離化震克坤，體克用因此應吉，但是體克用是努力勉強通過。

案例一三五　女人生孕

事項：占女生孕。

時間：2021 年 11 月 2 日 13 時 01 分。

四值：辛丑年戊戌月甲寅日辛未時。

起卦：報數起卦。

卦名：風天小畜之風火家人。

【本卦】	【互卦】	【變卦】	【錯卦】	【綜卦】
風天小畜	火澤睽	風火家人	雷地豫	天澤履
（巽）	（艮）	（巽）	（震）	（艮）

體
用

占斷：午日生女。

反饋：果於午日剖腹產得一女孩。

解法：

1. 巽為女子，主卦被乾克，乾為精，受精懷孕之意。變卦體巽生離，離為女，為午，應午日生一女孩。

2. 主卦是乾克巽，巽又為股，乾為刀，手術動刀之象，故又應剖腹產。

案例一三六　手機丟失

事項：男占父親手機丟失。
時間：2022 年 9 月 18 日 11 時 30 分。
四值：壬寅年己酉月甲戌日丙午時。
起卦：字數起卦。
卦名：離為火之火山旅。

【本卦】	【互卦】	【變卦】	【錯卦】	【綜卦】
離為火	澤風大過	火山旅	坎為水	離為火
（離）	（震）	（離）	（坎）	（離）

體
用

占斷：失物可尋，應東北方向。
反饋：果於東北方的車子裡找回。
解法：
1. 上離卦為手機，下離為眼睛，主卦離為火，尋找手機之意。
2. 上卦離為手機，變卦中離火臨艮，代表手機在東北方向，離火比和代表在南方也可能。
3. 離卦為光明，離為火，說明位置顯眼，午時問卦而離卦應午時，因此不過午時就可找到。

案例一三七　少女問病

事項：20 歲女問病。
時間：2022 年 11 月 11 日 16 時 15 分。
四值：壬寅年辛亥月戊辰日庚申時。
起卦：電腦隨機。
卦名：地雷複之地火明夷。

【本卦】	【互卦】	【變卦】	【錯卦】	【綜卦】
地雷複 （坤）	坤為地 （坤）	地火明夷 （坎）	天風姤 （乾）	山地剝 （乾）

體

用

占斷：胃病或子宮之疾，不易痊癒。
反饋：腸胃病、卵巢囊腫、還有抑鬱症。
解法：

1. 坤為胃，為子宮，被震木所克，故有胃病，卵巢囊腫，雖有離火化泄不至凶危，但離為炎症，為午，午未作合，炎症糾纏不休，故難以痊癒。

2. 震為神經，克用坤土，土多耗木，又有離火泄之。故又有精神之疾。

案例一三八　天災人禍

事項：男占女同學吉凶如何。
背景：女同學早上買菜返校時被貨車撞倒，已在搶救室，占其吉凶。
時間：2022年8月31日22時42分。
四值：壬寅年戊申月丙辰日己亥時。
起卦：電腦隨機。
卦名：火山旅之艮為山。

	【本卦】	【互卦】	【變卦】	【錯卦】	【綜卦】
	火山旅（離）	澤風大過（震）	艮為山（艮）	水澤節（坎）	雷火豐（坎）

占斷：雖凶不死，可以搶救回來，應期在戌日。
反饋：後此女竟一連昏迷數月，至戌月方醒。

解法：

1. 主卦離為此女,坐艮為床,已躺在病床上,艮為止,離為眼,已經昏迷了。

2. 離又化艮,艮為止,離化艮,日落西山之象,看似大凶。然變卦比合,艮為陽土,至戌月扶體,人必有救。

3. 互兌為刀,巽為腿,為血管,為神經,多處手術之象。

4. 此例占後,筆者動員數十人捐款,然人有旦夕禍福,誰能料買個菜竟至於此?習易者應趨吉避凶。

案例一三九　爺爺生病

事項：男問爺爺病。
時間：2022 年 3 月 24 日 18 時 51 分。
四值：壬寅年癸卯月丙子日丁酉時。
起卦：方式未知。
卦名：澤雷隨之震為雷。

	【本卦】	【互卦】	【變卦】	【錯卦】	【綜卦】
	澤雷隨（震）	風山漸（艮）	震為雷（震）	山風蠱（巽）	山風蠱（巽）

占斷：此病必然好不了，開刀風險，病應消化系統或者肝膽，快則不出午月走人，慢則明年。
反饋：實為胃癌，本打算開刀但是老人不肯配合，後於巳月反饋人去世。

案例一三九　爺爺生病

解法：

1. 震木為爺爺，被兌金克制，兌為刀，震為動，必有動刀風險。震木對應肝膽，互卦艮被克，艮對應脾胃，故不是肝病就是脾胃。
2. 主卦用剋體，互卦用剋體，變卦雖為比和，這裡指疾病難纏。人必死。
3. 艮為互病，巽木克之，巽為辰巳，故應巳月病逝。

【案例一四〇】 姐弟關係

事項：男占兩個姐姐的關係發展。

時間：2022 年 7 月 12 日 23 時 56 分。

四值：壬寅年丁未月丁卯日庚子時。

起卦：電腦隨機。

卦名：火天大有之離為火。

【本卦】	【互卦】	【變卦】	【錯卦】	【綜卦】
火天大有	澤天夬	離為火	水地比	天火同人
(乾)	(坤)	(離)	(坤)	(離)

占斷：

1. 兩個姐姐性子都比較沖，兩人容易冒火，誰也不讓誰。
2. 兩個姐姐中必有一人屬馬。
3. 大姐和二姐肯定會來往的，不會老死不相往來，但需中間人調和。
4. 二姐家有老人受傷住院。

反饋：大姐屬馬，二姐夫媽媽最近住院。

解法：

1. 以上卦離為大姐，下卦離為二姐，離卦為午，定位屬馬，因此二人中必然有屬馬之人。
2. 大姐二姐都是離卦，離為火，表示二人都是暴脾氣，但是離卦比和，兩人雖有矛盾但是只有有人調和關係還是可以處理。
3. 乾卦被離卦克制，應家裡男性老人受傷住院，實際反饋女性。

案例一四一　何時下雨

事項：自占何時有雨。
時間：2022年8月1日13時53分。
四值：壬寅年丁未月丙戌日乙未時。
起卦：電腦隨機。
卦名：火水未濟之天水訟。

	【本卦】	【互卦】	【變卦】	【錯卦】	【綜卦】
	火水未濟（離）	水火既濟（坎）	天水訟（離）	水火既濟（坎）	水火既濟（坎）

用
體

占斷：次日戌時有雨。
反饋：及至次日戌時因事外出，忽然記起有雨，遂立馬改變行程，狂奔回家，至家不出兩分鐘，驟然起雲，隨即暴雨，開窗見行人皆受雨淋。
解法：
　1. 此為居住廣東時所占，夏季多暴雨，且天氣時有不準，故占之。
　2. 坎為雨，乾為天，上乾下坎，必雨，乾為戌，當日為戌日並未下雨，故應次日戌時。

案例一四二　久雨占停

事項：因久雨占何時雨停。
時間：2022 年 8 月 4 日 8 時 28 分。
四值：壬寅年丁未月己丑日戊辰時。
起卦：電腦隨機。
卦名：山澤損之山雷頤。

【本卦】	【互卦】	【變卦】	【錯卦】	【綜卦】
山澤損	地雷複	山雷頤	澤山咸	風雷益
（艮）	（坤）	（巽）	（兌）	（巽）

體
用

占斷：卯日雨停。
反饋：後果於卯日雨停天晴。
解法：主卦兌為澤為雨，艮為止，乃是想要雨停，變卦艮為止，震為卯，直讀卯日雨止，變卦又是大離，故雨停出太陽。

案例一四三　　錢財丟失

事項：男占母親丟的錢能否找回？
時間：2021 年 10 月 2 日 12 時 14 分。
四值：辛丑年丁酉月癸未日戊午時。
起卦：時間起卦。
卦名：澤火革之澤山咸。

	【本卦】	【互卦】	【變卦】	【錯卦】	【綜卦】
	澤火革 （坎）	天風姤 （乾）	澤山咸 （兌）	山水蒙 （離）	火風鼎 （離）

體
用

占斷：找不回了。

反饋：去殯儀館路上丟了，丟了兩千，後一直未找回。

解法：

1. 坤為母，無坤以離卦定位為母親，兌為金，為財。

2. 以兌卦定位為錢數，兌卦應二，故丟錢應兩千，主卦離克兌，離為眼睛，為尋找，意為母親找錢之意。

3. 結果應變卦，艮體生兌，為體生用，必然找不回，且互卦又是用剋體，因此必然丟失。

4. 由於是艮生兌，艮為男，因此可能被一男子撿走。

案例一四四　手機丟失

事項：男占手機在公司丟失。
時間：2022 年 10 月 12 日 18 時 36 分。
四值：壬寅年庚戌月戊戌日辛酉時。
起卦：方式未知。
卦名：乾為天之澤天夬。

【本卦】	【互卦】	【變卦】	【錯卦】	【綜卦】
乾為天	乾為天	天澤履	坤為地	乾為天
（乾）	（乾）	（艮）	（坤）	（乾）

占斷：手機可以尋回，應西北方向 在公司大型辦公區域。

反饋：後果於公司西北方向的二樓大辦公樓的大房間中窗臺上找到。

解法：

1. 手機應取離卦，此卦當中沒有離，退而求其次取乾卦，為金屬之物。
2. 上卦乾為手機，臨下卦乾，乾為西北方向，故應方位西北。
3. 乾卦化兌卦，兌為二，乾為樓，因此是二樓尋得手機。

案例一四五　近期財運

事項：男占近期財運如何？
時間：2022 年 10 月 23 日 13 時 30 分。
四值：壬寅年庚戌月己酉日辛未時。
起卦：電腦隨機。
卦名：乾為天之風天小畜。

	【本卦】	【互卦】	【變卦】	【錯卦】	【綜卦】
	乾為天 （乾）	乾為天 （乾）	風天小畜 （巽）	坤為地 （坤）	乾為天 （乾）

用

體

占斷：三日內必有進財，下週末謹防破財。
反饋：後於三日內賣貨賺了一筆小財，後又下週末修輪胎破財。
解法：
1. 占財運見乾為錢，主卦乾乾比和，上乾為體，下乾為財，必有進益之喜。乾為戌亥，當日酉，故應三日內。
2. 上乾為體化巽，體巽受下乾之克，破財之象。

案例一四六　有緣無分

事項：女問前男友是否找到新對象了。

時間：2022 年 9 月 28 日 21 時 38 分。

四值：壬寅年己酉月甲申日乙亥時。

起卦：電腦隨機。

卦名：風山漸之水山蹇。

【本卦】	【互卦】	【變卦】	【錯卦】	【綜卦】
風山漸	火水未濟	水山蹇	雷澤歸妹	雷澤歸妹
（艮）	（離）	（兌）	（兌）	（兌）

用

體

占斷：還沒有對象，但是不出年底就會有新對象。

反饋：後於一周後反饋已有新對象。

解法：

1. 巽卦作為前男友未來新對象，艮卦即為前男友，巽木克艮，代表前男友暫時還沒有對象。

2. 變卦為結果，上巽化坎，坎卦被艮卦所合，子與丑作合代表談了新對象，因此前男友必然能夠找到新對象。

案例一四七　桃花運勢

事項：男占桃花運。

時間：2022 年 10 月 19 時 23 時 06 分。

四值：壬寅年庚戌月乙巳日丙子時。

起卦：電腦隨機。

卦名：澤水困之澤風大過。

	【本卦】	【互卦】	【變卦】	【錯卦】	【綜卦】
	澤水困	風火家人	澤風大過	山火賁	水風井
	（兌）	（巽）	（震）	（艮）	（震）

案例一四七　桃花運勢

占斷：近期桃花不少，會有女生主動找來聊天，年底也應有桃花。

反饋：後於占後不出一周，即有女生主動找來聊天，與多個女生有曖昧關係。

　1. 此卦定坎為卦主，坎卦為性，兌金生之，性欲比較強。坎臨兌，兌為嘴巴，卦主很會說話，擅長和異性打交道。

　2. 坎上受兌卦所生，兌為少女，乃是主動有女生聊天之象，互卦見離卦，離為女子，坎體克之。坎又化巽，巽也為女子，說明卦主最近桃花旺盛。

　3. 坎卦在子月更旺，因此可能卦主本人年底還有桃花運。

案例一四八　感情複合

事項：男占與前任還有希望嗎？
時間：2022 年 10 月 6 日 19 時 6 分。
四值：壬寅年己酉月壬辰日庚戌時。
起卦：電腦隨機。
卦名：火天大有之火澤睽。

【本卦】	【互卦】	【變卦】	【錯卦】	【綜卦】
火天大有	澤天夬	火澤睽	水地比	天火同人
（乾）	（坤）	（艮）	（坤）	（離）

占斷：與前任無法複合，卦主性子太直經常鬧彆扭，卦主在十一月份左右還會認識新的異性。

反饋：後反饋前任已經找到新的男朋友,兩人複合已經沒有希望。兩人在戀愛期間經常吵架導致分手。後又反饋在十月底打遊戲認識了新的異性。

解法：

1. 此卦離為女,為卦主前任,乾卦為卦主本人,離女克制乾男,女方已經沒有感情了,只有討厭。
2. 乾卦體化兌,圓滿化缺,上離為心,為感情,主卦直讀心裡圓滿,變卦直讀心中有缺,愛情有缺,故感情無法複合。
3. 主卦體受克,變卦還是被克,複合無望。乾化出兌,男方會認識其他人。

案例一四九　朋友失聯

事項：朋友多日不回消息，男占其是否出事。
時間：2022 年 11 月 4 日 11 時 18 分。
四值：壬寅年庚戌月辛酉日甲午時。
起卦：電腦隨機。
卦名：山澤損之火澤睽。

【本卦】	【互卦】	【變卦】	【錯卦】	【綜卦】
山澤損	地雷復	火澤睽	澤山咸	風雷益
（艮）	（坤）	（艮）	（兌）	（巽）

用
體

占斷：人沒事，應與女性發生口舌爭執，傍晚必回消息。

案例一四九　朋友失聯　243

反饋：人沒事，次日下午六點回消息，近期與一男子發生口舌爭執鬧到了警察這裡。

解法：

1. 兌為嘴巴，為聯繫，臨艮為止，主卦直讀止言，為近日不回消息之事。
2. 有事即有應，變卦兌為嘴巴，離為火，直讀嘴巴裡吐火，吵架之意。故應有口舌爭端。
3. 互震為警察，克坤為眾人，故有鬧到警察局一說。

案例一五〇　比賽拿獎

事項：女問 8 月 8 日的比賽女兒能拿金獎嗎？
時間：2022 年 8 月 06 日 19 時 13 分。
四值：壬寅年丁未月辛卯日戊戌時。
起卦：電腦隨機。
卦名：火天大有之雷天大壯。

【本卦】	【互卦】	【變卦】	【錯卦】	【綜卦】
火天大有	澤天夬	雷天大壯	水地比	天火同人
(乾)	(坤)	(坤)	(坤)	(離)

占斷：拿不了金獎。
反饋：果然沒有拿金獎，只拿了銅獎。
解法：

1. 乾為金獎，離火為體，為想，為渴望，離克乾，卦主想拿金獎。
2. 互兌為女兒，兌比助乾，女兒也在爭取拿金獎。
3. 變卦震木為體，受乾克制，金獎拿不了了，必失。

案例一五一　狗狗生病

事項：女問狗狗哪病了？
時間：2022 年 12 月 04 日 18 時 53 分。
四植：壬寅年辛亥月辛卯日丁酉時。
起卦：電腦隨機。
卦名：巽為風之水風井。

	【本卦】	【互卦】	【變卦】	【錯卦】	【綜卦】
	巽為風 （巽）	火澤睽 （艮）	水風井 （震）	震為雷 （震）	兌為澤 （兌）

用

體

占斷：不論哪裡生病，此狗明日必死。
反饋：果於辰日早上發現狗已死。
解法：下巽為狗，巽為虛弱，此狗已非常虛弱，變卦有坎生，表示希望它好轉，主卦上巽比助下巽，狗必死，巽為辰巳，故於辰日辰時死。

案例一五二　吵架結束

事項：女問吵架什麼時候能結束？
背景：女和老公吵架占什麼時候不吵。
時間：2022年8月31日9時17分。
四植：壬寅年戊申月丙辰日癸巳時。
起卦：電腦隨機。
卦名：風水渙之巽為風。

	【本卦】	【互卦】	【變卦】	【錯卦】	【綜卦】
	風水渙	山雷頤	巽為風	雷火豐	水澤節
	（離）	（巽）	（巽）	（坎）	（坎）
體					
用					

占斷：此吵架於當日開始，快則於未日結束，遲則於子日結束。

反饋：果於當日半夜吵架，至未日爭吵結束。
解法：
1. 上巽為體，下坎為老公，變卦下巽比助上巽，應吵架之事，巽為辰巳，占時為辰日，故應當日吵架。
2. 主卦坎用生之，吵架停止，坎為子，當日辰，至子日九日，故遲則應子。巽木入墓在未，至未日下巽無法比助，吵架亦結束，故快則應未。

案例一五三　出行順利

事項：自占出行順利否？
時間：2022 年 10 月 19 日 20 時 32 分。
四值：壬寅年庚戌月乙巳日丙戌時。
起卦：電腦隨機。
卦名：天雷無妄之風雷益。

【本卦】	【互卦】	【變卦】	【錯卦】	【綜卦】
天雷無妄	風山漸	風雷益	地風升	山天大畜
（巽）	（艮）	（巽）	（震）	（艮）

用
體

占斷：大吉。
反饋：時因考試疫情被封，不知能不能出行，亦不知會不會感染陽性，考試如何，皆不得知，故占之，得大吉，後果然一路順風，再後來考試亦全過。
解法：震為出行，主卦乾用來克，表示當下情況不容樂觀，變卦比合，結果出行順遂。

案例一五四　手被抓傷

事項：男占手被貓抓是否有事。
時間：2022 年 7 月 17 日 13 時 23 分。
四值：壬寅年丁未月辛未日乙未時。
起卦：電腦隨機。
卦名：山天大畜之火天大有。

【本卦】	【互卦】	【變卦】	【錯卦】	【綜卦】
山天大畜	雷澤歸妹	火天大有	澤地萃	天雷無妄
（艮）	（兌）	（乾）	（兌）	（巽）

用

體

占斷：白色母貓所抓，必然無事。
反饋：沒打疫苗，無事發生。
解法：
1. 此卦體用在互卦中，兌卦為白為母，因此斷是白母貓，震卦為手，兌克震表示貓爪傷了卦主之手，因此體卦為震，用卦為兌。
2. 結果應變卦之中，震木變體為離卦，兌金變用為乾卦，離卦克乾為體克用，應吉，因此必然無事。

案例一五五　感情複合

事項：女占能否和前任複合。
時間：2022 年 11 月 24 日 20 時 7 分。
四值：壬寅年辛亥月辛巳日戊戌時。
起卦：電腦隨機。
卦名：地風升之山風蠱。

	【本卦】	【互卦】	【變卦】	【錯卦】	【綜卦】
	地風升	雷澤歸妹	山風蠱	天雷無妄	澤地萃
	（震）	（兌）	（巽）	（巽）	（兌）

用
體

占斷：女方主動可以複合。

案例一五五　感情複合　251

反饋：目前男方時常主動找女生，並且找女生吃飯，女方矜持暫未答應。

解法：

1. 此卦簡單一斷並未多斷，體用藏匿互卦之中，兌體震用，兌卦比震卦小，實際男生大女生兩歲。

2. 兌卦克震，即代表女方想與男方複合，但是因為體克用所以女方佔據主導地位，變卦為結果，仍然是體克用的關係，因此女方主動是可以複合的，但是倘若女方並不願意複合，那麼此卦還是難以複合，因為要考慮人的主觀能動性。

案例一五六　母親腰疼

事項：男占母親腰痛。

時間：2022年6月16日0時5分。

四值：壬寅年丙午月庚子日丙子時。

起卦：電腦隨機。

卦名：山雷頤之地雷復。

	【本卦】	【互卦】	【變卦】	【錯卦】	【綜卦】
	山雷頤 （巽）	坤為地 （坤）	地雷復 （坤）	澤風大過 （震）	山雷頤 （巽）

占斷：腰間盤突出腰肌勞損一類，很難完全康復。

反饋：果為幹活辛苦導致的腰肌勞損，病根難以治癒。

解法：

1. 主卦艮為腰，被震木所克，震為運動，主卦表示因為工作運動導致的腰部損傷。
2. 變卦卦名複卦，表示其母親腰痛還會復發，疾病容易反復，沒有辦法徹底根治，坤代表肌肉，艮代表突出，因此定位腰肌勞損或者腰間盤突出。
3. 此卦全盤皆土，唯獨一個震木剋體，問題並不複雜，因此可以化解，直接用金，將震木克死即可達到效果，針灸在五行屬金，因此直接以針灸化解必有效果。

案例一五七　桃花運勢

事項：男占桃花運，什麼時候有女朋友？
時間：2021年8月4日13時5分。
四值：辛丑年乙未月甲申日庚午時。
起卦：方式未知。
卦名：乾為天之火天大有。

【本卦】	【互卦】	【變卦】	【錯卦】	【綜卦】
乾為天（乾）	乾為天（乾）	火天大有（乾）	坤為地（坤）	乾為天（乾）

用
體

占斷：此男桃花很少，只可能於辰戌月有桃花，但都很短暫不好相處。

反饋：後於辛丑年的戌月找到一個女生談對象，其餘時間沒有異性緣。

解法：

1. 此卦乾卦為男生，只有一個離卦代表異性，還是剋體，因此男生的異性緣很差。
2. 但是不可以說一個男生完全沒有異性緣，那麼何時出現，必然運用五行通關原理，此卦唯有土月可以洩去離火通關，因此定土月，戌月是離卦入戌土火庫，離卦無力剋體，表示桃花到家。

案例一五八　錄取通知

事項：男占其研究生錄取通知書何日拿到？
時間：2022 年 6 月 17 日 15 時 59 分。
四值：壬寅年丙午月辛丑日丙申時。
起卦：電腦隨機。
卦名：風雷益之水雷屯。

	【本卦】	【互卦】	【變卦】	【錯卦】	【綜卦】
	風雷益 （巽）	山地剝 （乾）	水雷屯 （坎）	雷風恒 （震）	山澤損 （艮）

用

體

占斷：於辰巳到，近則次日辰巳時，遠則辰巳日。

反饋：後錄取通知書於次日巳時送到。

解法：

1. 主卦雷風相薄主迅速,意為錄取通知書即刻送到,且互卦坤艮相沖也為動象。
2. 此卦中用卦為巽,代表快遞,代表錄取通知書,體卦代表卦主本人,為震為男性。
3. 巽震比和,震為動,巽為錄取通知書,代表卦主拿到錄取通知書。巽坐辰巳,故應辰巳時。
4. 寅日五行屬木,為陽卦,屬震,故應寅日巳時。

案例一五九　射覆出行

事項：射覆。

背景：是一男性朋友出門吃飯，問吃飯幾人隨同，性別如何？

時間：2022 年 7 月 1 日 21 時 7 分。

四值：壬寅年丙午日乙卯日丁亥時。

起卦：電腦隨機。

卦名：雷山小過之澤山咸。

【本卦】	【互卦】	【變卦】	【錯卦】	【綜卦】
雷山小過	澤風大過	澤山咸	風澤中孚	雷山小過
（兌）	（震）	（兌）	（艮）	（兌）

占斷：共計四人，三男一女。

反饋：果然如此。
解法：

1. 此卦用卦為飯店，卦中艮處靜卦且艮可取象房屋，因此艮為飯店之意，體卦為震木，真木克艮表示。卦主一行去往飯店，震卦數字為四，因此四人出行。

2. 本卦中震木互兌卦，兌卦為二，表示有兩個男性坐在同側，變卦艮兌為山澤通氣，表示還有兩人是一對情侶坐在另一側，即卦主對面。

案例一六〇　感情發展

事項：女占與一男生感情發展。
時間：2022 年 7 月 1 日 22 時 53 分。
四值：壬寅年丙午月乙卯日丁亥時。
起卦：電腦隨機。
卦名：火風鼎之火山旅。

	【本卦】	【互卦】	【變卦】	【錯卦】	【綜卦】
	火風鼎 （離）	澤天夬 （坤）	火山旅 （離）	水雷屯 （坎）	澤火革 （坎）

體
用

占斷：

1. 女方談過兩段戀愛，且 17 年前後有過感情桃花。
2. 男方應該仍與前任保持曖昧聯繫。
3. 男方工作性質較為特殊，經常不在本地。
4. 女方與該男生春天認識且男方主動，雙方互生情愫，然中間過程不溫不火。
5. 此卦結果應吉，雙方最後最終可以走到一起。

案例一六〇　感情發展

反饋：女方一七年確實有感情，戀愛次數未反饋，男方與前任關係未知，男方工作是飛行員經常外地出差，男方與女方於春天認識且是男方最先主動，占測時兩人關係是互相冷戰狀態，結果未知。

解法：

1. 此卦定離卦為體，為卦主本人，用卦為艮，為對方男生。
2. 變卦火山旅，離卦為卦主為桃花為感情，艮卦為男生為家，直讀女生喜歡男生，艮為七，直讀一七年卦主有桃花感情。
3. 男方為艮卦，艮有止意，卻處變卦中，表示男方常在外地但並非一直在外地，因此經常出差。
4. 主卦火風鼎，巽為消息離為網絡表示兩人雙方在網絡認識（此條沒有斷出）巽木是男生變體，巽木生離表示男生對女生主動，巽木離火直讀乾柴烈火表示兩人初始感情很好。春天為木旺時節，比和巽卦生助離卦，因此兩人最可能於春天相識，且春天兩人感情一定很好。
5. 主卦火風鼎之互卦為澤天夬，雙方比和，但此處比和並非為兩人關係友好之意，恰恰相反為兩人關係冷淡，對應問卦時雙方冷戰之意，原

因一是卦象澤天夬直接代表口舌吵架，原因二是兌乾比和，兩者皆為金，金性寒涼故兩人會採取互相冷戰態度。

6.結果應變卦，離卦為卦主本人生艮卦，表示兩人最終可以走到一起。

案例一六一　房子出租

事項：女占家裡房子何時租出去。

時間：2022 年 7 月 13 日 20 時 14 分。

四值：壬寅年丁未月丁卯日庚戌時。

起卦：電腦隨機。

卦名：風天小畜之水天需。

	【本卦】	【互卦】	【變卦】	【錯卦】	【綜卦】
	風天小畜	火澤睽	水天需	雷地豫	天澤履
	（巽）	（艮）	（坤）	（震）	（艮）

用

體

占斷：未月即可出租。

反饋：果於未月就租出去了。

解法：租房子乃是求財，巽為此女，坐乾財受克，變卦坎來通來，故財可求，房子就可以租得出去，至未月巽入墓，不受其克。

案例一六二　電腦丟失

事項：男問電腦丟了能否找回來？

時間：2022 年 8 月 7 日 18 時 13 分。

四值：壬寅年丁未月壬辰日己酉時。

起卦：電腦隨機。

卦名：火水未濟之火澤睽。

	【本卦】	【互卦】	【變卦】	【錯卦】	【綜卦】
	火水未濟	水火既濟	火澤睽	水火既濟	水火既濟
	（離）	（坎）	（艮）	（坎）	（坎）

占斷：必定可以找到，應往西或西南方尋找。

反饋：後於戌日在西南方向一女同事家中尋到。

解法：

1. 離為電腦，臨坎，坎為丟失，變卦體克用，吉，故可以尋回。

2. 因兌為西，離為南，組合為西南，故應於西或西南方尋找，兌亦為女，故於一女家尋到。

案例一六三　蝙蝠飛舞

事項：女占屋內看到蝙蝠飛舞有何徵兆。
時間：2022 年 7 月 30 日 22 時 32 分。
四值：壬寅年丁未月甲申日乙亥時。
起卦：電腦隨機。
卦名：天水訟之天澤履。

【本卦】	【互卦】	【變卦】	【錯卦】	【綜卦】
天水訟	風火家人	天澤履	地火明夷	水天需
（離）	（巽）	（艮）	（坎）	（坤）

占斷：近日可能有雨。
反饋：戌日狂風大作，電閃雷鳴，降下大雨。

案例一六四　　胸口疼痛

事項：女問胸口疼痛數日是什麼情況。
時間：2022年12月5日8時51分。
四值：壬寅年辛亥月壬辰日甲辰時。
起卦：報數起卦。
卦名：澤水困之兌為澤。

【本卦】	【互卦】	【變卦】	【錯卦】	【綜卦】
澤水困 (兌)	風火家人 (巽)	兌為澤 (兌)	山火賁 (艮)	水風井 (震)

占斷：此為肋膜炎，無事，次日巳日即可好轉。
反饋：後於巳日反饋一覺醒來後疼痛消失。
解法：

1. 下兌為疼痛，主卦坎水泄之，上兌為少女為體，下兌比助之，故疾病無妨。
2. 至巳日克制兌卦，兌為疼，疼痛自消。

案例一六五　手機丟失

事項：男占姑姑手機丟失。

時間：2022年8月12日20時35分。

四值：壬寅年戊申月丁酉日庚戌時。

起卦：電腦隨機。

卦名：兌為澤之澤天夬。

【本卦】	【互卦】	【變卦】	【錯卦】	【綜卦】
兌為澤	風火家人	澤天夬	艮為山	巽為風
（兌）	（巽）	（坤）	（艮）	（巽）

體

用

占斷：手機可以找回，去西方找，亥時之前即可找到。

反饋：後反饋被一中年女人於西北邊找到後歸還。

解法：

1. 此卦以互離為手機，互巽為姑姑，巽木生離火，表示當下手機丟失。
2. 離化變卦之乾，故方向在西北方向，乾比助上兌為體，失物可回。

案例一六六　嗓子疼痛

事項：男占嗓子疼何時好。

時間：2022年8月10日8時11分。

四值：壬寅年戊申月乙未日庚辰時。

起卦：電腦隨機。

卦名：地水師之雷水解。

【本卦】	【互卦】	【變卦】	【錯卦】	【綜卦】
地水師	地雷復	雷水解	天火同人	水地比
（坎）	（坤）	（震）	（離）	（坤）

用

體

占斷：戌日即好。

反饋：13號下午五點左右就好了。

解法：震卦為體，坎水刑之，變卦子卯刑，坤土來制坎水，至戌日克住則愈。

案例一六七　何時來電

事項：男占何時來電。

時間：2022 年 8 月 13 日 20 時 9 分。

四值：壬寅年戊申月戊戌日戊戌時。

起卦：電腦隨機。

卦名：水山蹇之水火既濟。

	【本卦】	【互卦】	【變卦】	【錯卦】	【綜卦】
	水山蹇	火水未濟	水火既濟	火澤睽	雷水解
	（兌）	（離）	（坎）	（艮）	（震）

體

用

占斷：戌時來電。

反饋：果於戌時當時來電。

解法：變卦離火為電，受坎水之克，表示當下停電。主卦艮土制坎，則表示來電，戌時助艮克坎，故應戌時。

案例一六八　婚姻感情

事項：三十多歲女問姻緣。
時間：2021 年 1 月 28 日 16 時 15 分。
四值：庚子年己丑月丙子日丙申時。
起卦：電腦隨機。
卦名：地澤臨之地水師。

	【本卦】	【互卦】	【變卦】	【錯卦】	【綜卦】
	地澤臨	地雷複	地水師	天山遯	風地觀
	(坤)	(坤)	(坎)	(乾)	(乾)

占斷：

1. 已離婚過，目前單身帶娃，有一女兒。反饋實是。

2. 於一二年時結婚，兩年後一四年離婚，又過兩年後一六年又處一對象，但不久分手，二〇年時又有對象，至二二年時會再婚。

反饋：所占皆驗，二一年占此卦，二二年時已打算結婚。

解法：

1. 坤為體，為母，臨兌為女兒，故有一女兒。
2. 兌為二，為一二年，坤體生之，女子出嫁，故一二年結婚。
3. 互震為老公，坤體受克，震為四，故一四年離婚。
4. 坎為六，坤體克之，應一六年再有對象，坎為子，二〇年庚子年又有對象。
5. 兌為二，坤為家，第二個家，二二年再婚。

案例一六九　股票漲跌

事項：女問近日股票漲跌情況。

時間：2022年9月24日申時。

四值：壬寅年乙酉月庚辰日甲申時。

起卦：電腦隨機。

卦名：風火家人之風山漸。

【本卦】	【互卦】	【變卦】	【錯卦】	【綜卦】
風火家人	火水未濟	風山漸	雷水解	火澤睽
（巽）	（離）	（艮）	（震）	（艮）

占斷：之前持平，恐午日有下跌趨勢。

反饋：果於午日當天大幅下跌。

解法：

1. 巽為股票，受用卦離火耗泄，離為午，午日必跌。
2. 變卦巽木克艮，體克用應吉，艮為平穩，股票平時較平穩。

案例一七〇　證件丟失

事項：男占身份證不見了。

時間：2022 年 9 月 10 日 10 時 50 分。

四值：壬寅年己酉月丙寅日癸巳時。

起卦：時間起卦。

卦名：澤地萃之澤水困。

【本卦】	【互卦】	【變卦】	【錯卦】	【綜卦】
澤地萃	風山漸	澤水困	山天大畜	地風升
（兌）	（艮）	（兌）	（艮）	（震）

占斷：東南方向，靠近櫃子上。

反饋：果於東南方向衣服兜口找回。

解法：

1. 身份證件取象巽卦，因此此卦從互卦直接看失物方位。

2. 艮卦為兜，巽坐東南，因此失物在東南方向的衣服兜裡，當時取象艮為櫃子，取象稍有偏差。

案例一七一 燈籠投標

事項：一賣燈籠大姐投標出否？
時間：2020年。
四值：庚子。
起卦：電腦隨機。
卦名：澤火革之雷火豐。

【本卦】	【互卦】	【變卦】	【錯卦】	【綜卦】
澤火革	天風姤	雷火豐	山水蒙	火風鼎
（坎）	（乾）	（坎）	（離）	（離）

占斷：

1. 離為燈籠，則兌為此大姐，變卦震木生離火，即大姐在很積極做這個事。
2. 主卦體兌受克，投標不中。

反饋：果驗，於酉月反饋未中。

案例一七二　借錢反貸

事項：一女子問父親和叔叔來找自己借錢，情況如何，會不會借出去？

時間：2020年。

四值：庚子。

起卦：方式未知。

卦名：山天大畜之山火賁。

【本卦】	【互卦】	【變卦】	【錯卦】	【綜卦】
山天大畜	雷澤歸妹	山火賁	澤地萃	天雷無妄
（艮）	（兌）	（艮）	（兌）	（巽）

體
用

占斷：

1. 因兩人借錢，故取兌為用，離火為此女子。兌坐酉，震為出發，所以應酉月前來，變卦離火剋兌，故自己不會借出去，反而可能得財。

2. 後果然其父親反而給她三萬，應數字離之故。

案例一七三　　幹眼疾病

事項：一男生問乾眼病。
時間：2020年。
四值：庚子。
起卦：電腦隨機。
卦名：艮為山之地山謙。

【本卦】	【互卦】	【變卦】	【錯卦】	【綜卦】
艮為山 （艮）	雷水解 （震）	地山謙 （兌）	兌為澤 （兌）	震為雷 （震）

用

體

占斷：

1. 艮為男，坤為幹，上爻動，上爻為頭，故為頭部之疾。坤比助艮，土多必燥，為得病，坤為八，故應一八年生病，坤為申，故應於一八年立秋得病，反饋正確。
2. 主卦艮比助艮，病難愈，反饋西醫講治不好了，互體為震，坐坎受生，坎為藥水，故在卯年有機緣得一中醫救治而愈。
3. 此例群內閑占，未跟蹤反饋。
4. 今觀此卦應取離火為眼目，卦中無離，但土多成堆，眼幹難愈。

案例一七四　工作運程

事項：一女子問工作。
時間：2020 年。
四值：庚子。
起卦：電腦隨機。
卦名：火水未濟之火風鼎。

	【本卦】	【互卦】	【變卦】	【錯卦】	【綜卦】
	火水未濟（離）	水火既濟（坎）	火風鼎（離）	水火既濟（坎）	水火既濟（坎）

體
用

解法：
1. 離為中女為體，巽為合同，引申為工作。
2. 巽用生體，故目前有工作，巽為辰巳，且於今年農曆三四月份就職，木生火，故就職之初挺中意此工作。反饋正確。
3. 巽主卦化坎克離工作，之後變為不喜歡此工作，坎又為夜，工作熬夜之象，離為三，工資三千多。反饋正確。
4. 坎又為男人，為六，克離體，故於一六年有分手過，反饋一六年離婚。
5. 坎為此男，故丈夫好色，克離，對自己不好，坎又主病，離為心臟，晚年應注意心臟病。反饋當下就有些毛病了。

案例一七五　同性感情

事項：一女子問感情發展。
時間：2020 年。
四值：庚子。
起卦：電腦隨機。
卦名：風天小畜之乾為天。

【本卦】	【互卦】	【變卦】	【錯卦】	【綜卦】
風天小畜	火澤睽	乾為天	雷地豫	天澤履
（巽）	（艮）	（乾）	（震）	（艮）

用

體

解法：

1. 定乾為男友，主卦用乾剋體，無對象之象，與卦主有對象不符。
2. 互體離火克兌為有對象，兌為秋，斷今年秋天處對象的，兌為女，故是同性戀，女女之象。
3. 變卦乾乾比合，同性相斥，也是沒有希望。反饋秋天處了個女友，現在常吵架。

案例一七六　是否懷孕

事項：一女問多日不來例假，懷孕否？什麼時候來例假？
時間：2020 年。
四值：庚子。
起卦：電腦隨機。
卦名：地天泰之地澤臨。

【本卦】	【互卦】	【變卦】	【錯卦】	【綜卦】
地天泰	雷澤歸妹	地澤臨	天地否	天地否
(坤)	(兌)	(坤)	(乾)	(乾)

體
用

解法：
1. 臨卦為來臨之意，故知例假會來。
2. 且坤為腹，下乾化兌，圓化缺，直讀腹部圓滿變缺，未懷之象。
3. 三爻為子宮，發動，陽爻化陰，陰主缺，必然未懷。

反饋：果未懷孕。

案例一七七　觸屏失靈

事項：因手機屏碎了觸屏失靈，自占去換屏修不修得好？
時間：2020 年。
四值：庚子。
起卦：電腦隨機。
卦名：水雷屯之水地比。

	【本卦】	【互卦】	【變卦】	【錯卦】	【綜卦】
	水雷屯	山地剝	水地比	火風鼎	山水蒙
	（坎）	（乾）	（坤）	（離）	（離）
體					
用					

解法：

1. 坎為病，於物為壞，則坎為此手機，互卦表示壞的原因，艮為石，坤為路，正是掉在路上壓石上摔碎。
2. 坤為我坐未申，去修手機時剛好未時，主卦用坎生體震，必然可以修好。
3. 今觀此例，震為動，引申為觸碰，坎為失，引申為失靈，主卦直讀觸屏失靈，變卦坤體克坎，手機能修好。

反饋：果然修好。

案例一七八　女子複合

事項：一女子問複合。
時間：2020 年。
四值：庚子。
起卦：電腦隨機。
卦名：山水蒙之山地剝。

	【本卦】	【互卦】	【變卦】	【錯卦】	【綜卦】
	山水蒙 （離）	地雷復 （坤）	山地剝 （乾）	澤火革 （坎）	水雷屯 （坎）

體／用

占斷：

1. 艮為對方，坤為女，互震為卯，克坤，卦名為復，兩人必然於今年卯月相處，反饋正確。
2. 變卦坤沖艮，為女子想複合之意，主卦用艮男友剋體，必然不成。
3. 後於子日反饋複合。
4. 此為一時大意斷錯，主卦艮為丑，坎為子，子丑合，而不論克，故子日複合。

案例一七九　鑰匙丟失

事項：男問大姑的兒子把鑰匙丟了，能不能找到。
時間：2020年。
四值：庚子。
起卦：電腦隨機。
卦名：巽為風之風天小畜。

【本卦】	【互卦】	【變卦】	【錯卦】	【綜卦】
巽為風	火澤睽	風天小畜	震為雷	兌為澤
（巽）	（艮）	（巽）	（震）	（兌）

解法：
1. 乾為男，定為大姑兒子，故可知其排行老大，乾為大，反饋正確。
2. 巽為辰巳沖乾體，斷鑰匙於辰巳日丟失，反饋正確。
3. 互卦用離火克兌，兌為鑰匙，但巽為大姑，辰中合兌，必然可尋，兌為酉，為西，方向在西。

反饋：後於酉日西邊找到。

案例一八〇　線下預測

事項：一女人講下午來我家求測，心動占其何時來？
時間：2020年。
四值：庚子。
起卦：電腦隨機。
卦名：山雷頤之山地剝。

	【本卦】	【互卦】	【變卦】	【錯卦】	【綜卦】
	山雷頤 （巽）	坤為地 （坤）	山地剝 （乾）	澤風大過 （震）	山雷頤 （巽）

體
用

占斷：

1. 艮為家，坤為女人，坐未申，沖體，故於下午未申時來。

2. 後於未時至，問我惹了小人怎麼辦？換艮為女人家，震木剋體，當有男人搗亂，反饋正是。

3. 震為此男，為四，艮為止，斷此男人年齡三十來歲，反饋正確。

4. 艮為男孩，斷他還有個兒子，反饋無，且此人未婚。

5. 因艮為止，震木為神經，土多木折，斷此人神經質，反饋精神不正常。

案例一八一　救火未歸

事項：一女子問後山起火，母親去救火未歸，吉凶如何，什麼時候回？

時間：2020年。

四值：庚子。

起卦：方式未知。

卦名：風雷益之風火家人。

【本卦】	【互卦】	【變卦】	【錯卦】	【綜卦】
風雷益	山地剝	風火家人	雷風恆	山澤損
（巽）	（乾）	（巽）	（震）	（艮）

占斷：

1. 巽為母，變卦用泄體不吉，巽為衣服，必然衣服被燒，因巽長生於亥，臨年長生，斷無事，後反饋人死。

2. 今解，巽為母，離為火，乃是火燒母之象，主卦用震木生助離火，火旺泄離母，凶，人必死，且互卦直讀埋女人，凶象極明。

3. 此例占時體系未明，錯之，今日看此例極明。

案例一八二　老人病逝

事項：一易友問卦，卦主父親病重，將逝於何日？
時間：2020 年。
四值：庚子。
起卦：方式未知。
卦名：澤火革之雷火豐。

	【本卦】	【互卦】	【變卦】	【錯卦】	【綜卦】
	澤火革	天風姤	雷火豐	山水蒙	火風鼎
	（坎）	（乾）	（坎）	（離）	（離）

占斷：

1. 乾為父親，下巽為鶴，為升，升天者乃西歸之象，且當天戌亥空亡，人必死。
2. 主卦體兌受離克，兌為酉，又金墓於丑，則必於酉丑之時或日去世。

反饋：果於次日酉時去世。

案例一八三　感情發展

事項：女占感情發展。

時間：2020 年。

四值：庚子。

起卦：報數起卦。

卦名：雷火豐之雷天大壯。

	【本卦】	【互卦】	【變卦】	【錯卦】	【綜卦】
	雷火豐 （坎）	澤風大過 （震）	雷天大壯 （坤）	風水渙 （離）	火山旅 （離）
體	☳	☱	☳	☴	☲
用	☲	☴	☰	☵	☶

解法：
1. 離為女，震為男，變卦乾合震，乾坐戌亥，故於戌月相處。
2. 巽為頭髮，見兌為短，離為眼睛，見震為大，故女友短髮，大眼睛，巽又為神經，受兌克制，應注意精神疾病，實則反饋抑鬱症。
3. 巽為母親，左離為三，故母親兄弟姐妹三人，反饋正確。
4. 離為女，化乾為一，故女方獨生子女，反饋正確。
5. 衍至主卦為結果，離為女方，震木生之，必分之象。

反饋： 果於次年春分手。

案例一八四　當日財運

事項：男占今日財運。

時間：2022 年 10 月 10 日 10 時 8 分。

四值：壬寅年庚戌月丙申日癸巳時。

起卦：電腦隨機。

卦名：澤火革之雷火豐。

	【本卦】	【互卦】	【變卦】	【錯卦】	【綜卦】
	澤火革	天風姤	雷火豐	山水蒙	火風鼎
	（坎）	（乾）	（坎）	（離）	（離）

占斷：有財。

反饋：後得財 600。

解法：

1. 兌為財，離為體，主卦體克兌二，變卦用震生體，震為四數，二四合為六，故應六百。

案例一八五　陷於苦海

事項：1983年女問卦。
時間：2022年10月20日12時14分。
四值：壬寅年庚戌月丙午日甲午時。
起卦：電腦隨機。
卦名：澤風大過之天風姤。

【本卦】	【互卦】	【變卦】	【錯卦】	【綜卦】
澤風大過	乾為天	天風姤	山雷頤	澤風大過
（震）	（乾）	（乾）	（巽）	（震）

用
體

占斷：1. 有精神疾病，且病重難愈。反饋精神分裂。
　　　2. 年齡大，有三十多歲，反饋1983年生。
　　　3. 卦主言愛上自己老闆，感情發展如何？斷沒有戲，此人極強勢，冷淡，且此人有別的女人或是已有女兒，反饋有家有女兒。

解法：1. 體巽，為長女，故年齡大。
　　　2. 體巽為精神，受克，故精神之疾。
　　　3. 乾為此老闆，化兌有女兒，兌為女兒。
　　　4. 乾老闆克巽，巽為感情，故難以發展。

案例一八六　自主意志

事項：男問翻牆進學校順利否？
時間：2022 年 10 月 31 日 19 時 15 分。
四值：壬寅年庚戌月丁巳日庚戌時。
起卦：電腦隨機。
卦名：山火賁之山雷頤。

【本卦】	【互卦】	【變卦】	【錯卦】	【綜卦】
山火賁	雷水解	山雷頤	澤水困	火雷噬嗑
（艮）	（震）	（巽）	（兌）	（巽）

占斷：未占斷。
反饋：後此人放棄，並未翻牆。
解法：

1. 艮為牆，震為腳，艮上震下，爬牆之意。
2. 震體化離，泄了腳的力量，離又生了艮，泄體不吉。故主動放棄。
3. 本人放棄者乃是主觀意念，非卜卦範疇，人有主觀能動性，非事事皆定數，摒棄「萬般皆是命，半點不由人」這一觀念。

案例一八七　銷售開單

事項：男占能開單嗎。

時間：2022 年 6 月 19 日 2 時 17 分。

四值：壬寅年丙午月癸卯日癸丑時。

起卦：電腦隨機。

卦名：水風井之地風升。

	【本卦】	【互卦】	【變卦】	【錯卦】	【綜卦】
	水風井	火澤睽	地風升	火雷噬嗑	澤水困
	（震）	（艮）	（震）	（巽）	（兌）

用
體

占斷：必然成不了。

反饋：果未開成。

解法：

　　1.巽木為單，主坎生巽木表示此人想開單。

　　2.坎體化坤，用巽木剋體，所以開不了單。

　　3.此例信息明顯，思路清晰。

案例一八八　新冠感染

事項：女孩發燒占感染新冠否。
時間：2022 年 11 月 5 日 22 時 48 分。
四值：壬寅年庚戌月壬戌日辛亥時。
起卦：電腦隨機。
卦名：火澤睽之天澤履。

	【本卦】	【互卦】	【變卦】	【錯卦】	【綜卦】
	火澤睽	水火既濟	天澤履	水山蹇	風火家人
	（艮）	（坎）	（艮）	（兌）	（巽）

用

體

占斷：必然感染。
反饋：後反饋陽性。
解法：

1. 此兌為體，為肺，離炎症克之，肺炎無疑，又以乾為肺，離為炎，乾離互換，直讀肺炎。

2. 此例喜見互坎，離火無助，又來坎克，坎又得變卦乾金來生，離火終不敵，故陽性也無大礙，許之即愈。

3. 收錄此例，後學當習以為記。

案例一八九　釣魚吉凶

事項：男占次日釣魚可以釣到嗎？
時間：2022年10月5日21時55分。
四值：壬寅年己酉年辛卯日己亥時。
起卦：電腦隨機。
卦名：風水渙之山水蒙。

【本卦】	【互卦】	【變卦】	【錯卦】	【綜卦】
風水渙	山雷頤	山水蒙	雷火豐	水澤節
（離）	（巽）	（離）	（坎）	（坎）

占斷：此去必有收穫。
反饋：果然釣到魚。
解法：

1. 艮為體，坎為河，為魚，子丑作合。巽為線，為魚竿，艮為手，手拿釣竿，艮體克坎，體克用，終有收穫。
2. 防傳統體用坎體，則一無所獲矣。

案例一九〇　女子運勢

事項：女占運勢。
時間：2019 年。
四值：己亥。
起卦：報數起卦。
卦名：坎為水之澤水困。

【本卦】	【互卦】	【變卦】	【錯卦】	【綜卦】
坎為水（坎）	山雷頤（巽）	澤水困（兌）	離為火（離）	坎為水（坎）

用

體

案例一九〇　女子運勢

占斷：
1. 家西邊有一條河流，而且這個河流曾經淹死過一個女人。反饋有個女老師前兩年投河自殺。
2. 身體不好，腎虛，耳鳴，且肺部不好。反饋耳鳴，經常咳嗽。
3. 這兩年財運不行破財，反饋一直花錢。
4. 兄弟姐妹六個，排行不是老大。反饋正確。
5. 斷完此卦後，剛一出門竟看到一人在殺魚。

解法：
1. 坎為河流，兌為西，直讀西邊有河流，兌為少女，泄兌金乃是女子投河，兌為嘴巴為說為教育為老師，所以是女老師投河。
2. 兌為肺，坎為病，直讀肺病。
3. 坎為耳，兌為鳴叫，直讀耳鳴。
4. 坎為六，兌為體，兄弟姐妹六人，兌為小，排行不是老大。

案例一九一　老公財運

事項：女占老公財運。
時間：2019 年。
四值：己亥。
起卦：報數起卦。
卦名：天風姤之天山遯。

	【本卦】	【互卦】	【變卦】	【錯卦】	【綜卦】
	天風姤	乾為天	天山遯	地雷複	澤天夬
	（乾）	（乾）	（乾）	（坤）	（坤）

占斷：

1. 家裡一兒一女，女兒比兒子年齡大。反饋正確。
2. 老公應是領導或掌權之人。反饋包工頭。
3. 這幾年財運欠佳，一直破財。反饋賺多少花多少，存不住錢。
4. 明年財運好轉。後未反饋。

解法：

1. 乾為一，巽為長女，直讀一女。
2. 艮為子，乾為一，直讀一子。
3. 乾為老公，艮為手，乾為權力，直讀老公掌權。
4. 換體，乾為財，艮為家，艮生乾，財往外生，故破財之象。

案例一九二　牡丹占例

事項：牡丹占。

原文：巳年三月十六日卯時，先生與客往司馬公家共觀牡丹。時值花開甚盛，**客曰**：「花盛如此，亦有數乎？」。

先生曰：「莫不有數，且因問而可占矣」。遂占之，以巳年六數，三月三數，十六日十六數，總共的二十五數，除三八二十四數，餘數為乾，為上卦。加卯時四數，共得二十九數，又除三八二十四數，零五為巽卦，作下卦，得天風姤。又以總數二十九數，以六除之，四六除二十四，零五爻動，變鼎卦，互見重乾。遂與客說「怪哉，此花明日午時，當為馬所踐毀。」眾客愕然不信，次日午時，果有官貴觀牡丹，二馬鬥陷，群驚花間馳驟，花盡為之踐毀。

斷之曰：巽木為體，乾金克之，互卦又見重乾，剋體之卦多矣，卦中無生意，故知牡丹必踐毀。所謂馬者，乾為馬也。午時者，離明之象，是以知之也。

案例一九二　牡丹占例

【本卦】	【互卦】	【變卦】	【錯卦】	【綜卦】
天風姤 （乾）	乾為天 （乾）	火風鼎 （離）	地雷複 （坤）	澤天夬 （坤）

用

體

解法：

1. 巽為牡丹，離為花，巽木生之，應「花盛如此」，主卦表示當下之景。

2. 離化乾克巽為植物，為牡丹，變卦乾克巽，乾為馬，故應「為馬所踐毀」。

3. 乾為金，故原文明日必金日，離為午泄體，故應午時。

案例一九三　叩門借物

事項：鄰夜叩門借物占。

原文：冬夕酉時，先生方擁爐，有叩門者，初叩一聲而止，繼而又叩五聲，且云借物。先生令勿言，令其子占之試所借何物。以一聲屬乾，為上卦，以五聲屬巽，為下卦，又以一乾五巽共六數，加酉時十數，總共得十六數，以六除之，餘四，得天風姤第四爻變巽卦，互見重乾，卦中三乾金，二巽木，為金木而已，又以乾金短，而巽木長，是借斧也。子乃**斷曰**：「金短木長者，器也，所借者鋤也」。**先生說**：「非鋤，必斧也。」問之果借斧，其子問其故，**先生曰**：「於數又須明理，以卦推之，斧亦可也，鋤亦可也；以理推之，夕晚安用鋤？必借斧。

　　概斧切於劈柴之用耳。推數又須明理，為蓍占之切要也。推數不推理。是不得也。學數者志之！」

案例一九三　叩門借物

【本卦】	【互卦】	【變卦】	【錯卦】	【綜卦】
天風姤 （乾）	乾為天 （乾）	巽為風 （巽）	地雷複 （坤）	澤天夬 （坤）

解法：

1. 此例起卦加了時辰，其實不加亦可，反倒更形象。
2. 鄰居定乾，體為巽，乾為男人，克巽，知男人來索取物品，此物為巽，故為木製品，巽卦臨乾，木中有金，故而為劈柴之斧。

案例一九四　動靜如何

事項：今日動靜如何。

原文：有**客問**：「今日動靜如何？」遂將此六字占之。以平分，「今天動」三字為上卦，「今」平聲，一數；「日」入聲，四數；「動」去聲，三數，共八數，得坤卦為上卦。以「靜如何」為下卦，「靜」去聲，三數；「如」平聲，一數；「何」平聲，一數，共五數，為巽，作下卦。又八五總數為十三數，除二六一十二，零得一數，地風升，初爻動，變泰卦，互見震、兌。遂謂**客曰**：「今天有人相請，客不多，酒不醉，味止至黍雞而已。」至晚，果然。**斷曰**：升者，有升階之義。互震兌，有東、西席之分。卦中兌為口，坤為腹，為口腹之事，故知有人相請。客不多者，坤土獨立，無同類之氣卦也。酒不醉，卦中無坎。味止雞黍者，坤為雞黍稷耳，蓋卦無相生之氣，故知酒不多，食品不豐富也。

【本卦】	【互卦】	【變卦】	【錯卦】	【綜卦】
地風升	雷澤歸妹	地天泰	天雷無妄	澤地萃
（震）	（兌）	（坤）	（巽）	（兌）

解法：

1. 今觀此例，以乾為此客人，變卦坤生乾，用生體，故為吉事，乾為戌時，所以應晚上。
2. 坤為肉，巽為入，坤為腹，故此吉事應吃飯一事。

案例一九五　西林寺牌

事項：西林寺牌額占。

原文：先生偶見西林寺之額,「林」字無兩勾,因占之,以西字七畫為艮,作上卦;以林八畫為坤,作下卦。以上七畫下八畫總十五畫,除二六一十二,餘數得三,是山地剝卦。第三爻動,變艮,互見重坤。

斷曰：寺者,純陽之所居,今卦得重陰之爻,而又有群陰剝陽之兆。詳此,則寺中當有陰人之禍。詢之果然,逐謂**寺僧曰**:「何不添『林』字兩勾,則自然無陰人之禍矣。」僧信然,即添『林』字兩勾,寺果無事。

又,純陽之人,所居得純陰之卦,故不吉。又有群陰剝陽之義,故有陰人之禍。若添「林」字兩勾,則十畫,除八得二為兌卦,合上艮,是為山澤損。第五爻變,動為中孚卦,互卦見坤、震,損者益之,用互俱生體,為吉卦。可以得安矣。

案例一九五　西林寺牌

【本卦】	【互卦】	【變卦】	【錯卦】	【綜卦】
山地剝	坤為地	艮為山	澤天夬	地雷複
（乾）	（坤）	（艮）	（坤）	（坤）

解法：

1. 艮為寺廟，此類象應牢記之，主卦上艮為寺廟，下坤沖之，坤為陰，主陰人之禍，變卦下艮比之上艮，亦不吉，故寺廟一直有禍事。
2. 注意改字屬化解。

案例一九六　　老人有憂

事項：老人有憂色占。

原文：己丑日卯時，偶在途行。一老者從巽方行來，臉帶憂色，問其何以有憂，曰：「無。」怪而占之。以老者屬乾，為上卦；巽方為下卦，是為天風姤之九四爻動。《易》曰：「包無魚，起凶。」是辭不吉矣。以卦論之，巽木為體，乾金克之。互卦又見重乾，俱是剋體，並無生氣。且時在途行，其當速應成卦之數，中分而取其半。

謂**老人**曰：「汝五日內宜謹慎，恐有重禍。」果五日，老者赴吉席魚骨梗喉而終。

【本卦】	【互卦】	【變卦】	【錯卦】	【綜卦】
天風姤 （乾）	乾為天 （乾）	巽為風 （巽）	地雷複 （坤）	澤天夬 （坤）

解法：

1. 今觀此卦，解釋稍顯附會，可待今後有相似案例以驗之。
2. 老人從巽方而來，故乾為老人，巽為東南。
3. 乾金克巽，自是吉，但何以死者？象法為凶之故，乾為天，臨巽受沖，巽為升，直讀升天。乾化巽，巽為鬼魂，為辰巳日，應凶辰巳之日，當日丑，巳日正第五日。

案例一九七　少年有喜

事項：少年有喜色占。
原文：壬申日午時，有少年從離方喜形於色而來。問其有何喜，曰：「無」。遂以少年屬艮，為上卦。離為下卦，得山火賁。以艮七、離三加午時七數，總十七數，除二六，零五為動爻。賁六五爻，曰：「賁於丘園，束帛戔戔，吝，終吉。」辭已吉矣。卦為賁之家人，互見震坎，離為體，互變俱生之。**斷曰**：「子於十七日內，必有幣聘之喜。」至期果然定親。

	【本卦】	【互卦】	【變卦】	【錯卦】	【綜卦】
	山火賁 （艮）	雷水解 （震）	風火家人 （巽）	澤水困 （兌）	火雷噬嗑 （巽）

解法：

1. 艮為此少年，離為離方，又為午，為喜色，艮臨離卦，應少年從離方而來有喜色。
2. 變卦艮體化巽，巽生離，卦名風火家人，家人卦自是成家之象。故言有幣聘之喜。
3. 巽為辰巳，應期取巳火，從申日至巳日，十日，故十七日內應事也驗之。

案例一九八　牛哀鳴占

事項：牛哀鳴占。

原文：癸卯日午時，有牛鳴於坎方，其聲極悲。因占之。牛屬坤，為上卦；坎方為下卦。坎六坤八加午時七數，共二十一數，除三六一十八，三爻動，得地水師之三爻，六三《易》辭曰：「師或輿屍，凶。」卦則師變升，互坤震；乃坤為體，互變俱克之，並無生氣。

斷曰：此牛二十一日內，必遭屠殺。後二十日，人果買此牛，殺以犒眾。悉皆異之。

【本卦】	【互卦】	【變卦】	【錯卦】	【綜卦】
地水師	地雷複	地風升	天火同人	水地比
（坎）	（坤）	（震）	（離）	（坤）

解法：

1. 今觀此例，當以坤為牛，坎為北，是為主卦，表示牛在北方。
2. 互體坤受克，變體坤受克，互變俱克，故為凶，巽木有坎水之根，故為大凶。
3. 然應二十日者，原文中未給出月份，疑應辰月。

案例一九九　雞悲鳴占

事項：雞悲鳴占。

原文：甲申日卯時，有雞鳴於乾方，聲極悲愴，因占之。雞屬巽，為上卦，乾方為下卦，得風天小畜。以巽五乾一共六數，加卯時四數，總十數，除六得四，爻動變乾，是為小畜之六四。卦則小畜之乾，互見離兌。乾金為體，離火克之。卦中巽木離火，有烹飪之象。**斷曰**：此雞十日當烹。果十日客至，有烹雞之驗。

【本卦】	【互卦】	【變卦】	【錯卦】	【綜卦】
風天小畜	火澤睽	乾為天	雷地豫	天澤履
（巽）	（艮）	（乾）	（震）	（艮）

用

體

解法：

1. 今觀此例，以巽為雞，坐乾受克，化出變卦之乾為動化回頭克，體臨乾，表示居乾方。
2. 巽體受克，巽又化乾受克，俱為凶象，巽為辰巳，凶於辰巳之日，當日申，數至巳日，正為第十日。

案例二〇〇　組合家庭

事項：三十多歲女占感情發展。

時間：2021 年 11 月 19 日 22 時 6 分。

四值：辛丑年己亥月辛未日己亥時。

起卦：報數起卦。

卦名：山天大畜之地天泰。

【本卦】	【互卦】	【變卦】	【錯卦】	【綜卦】
山天大畜	雷澤歸妹	地天泰	澤地萃	天雷無妄
（艮）	（兌）	（坤）	（兌）	（巽）

用
體

占斷：

1. 男方有女兒，女方有兒子。反饋各有家庭，男有女兒，女方有子。
2. 感情甚好，當斷不斷，可有進展。

解法：

1. 坤為體，乾男為用，坤為母，乾為父，此組合多各有孩子，重組家庭。
2. 乾見互兌，男方有女兒。
3. 坤見艮，女方有兒子。

案例二〇一　枯枝墜地

事項：枯枝墜地占。

原文：戊子日辰時，偶行至中途，有樹蔚然，無風，枯枝自墜地於兌方。占之，槁木為離，作上卦，兌方為下卦，得火澤睽。以兌二離三，加辰時五數，總十數，去六餘四，變山澤損，是睽之九四。《易》曰：睽孤，遇元夫。卦火澤睽變損，互見坎、離，兌金為體，離火克之，且睽損卦名，俱有傷殘之義。斷曰：此樹十日當伐。果十日，伐樹起公榭，而匠者適字元夫也。

【本卦】	【互卦】	【變卦】	【錯卦】	【綜卦】
火澤睽	水火既濟	山澤損	水山蹇	風火家人
（艮）	（坎）	（艮）	（兌）	（巽）

用

體

解法：
1. 枯木固然為離，兌為西，主卦意為枯枝墜於兌方。
2. 變卦離化艮，生兌，泄體故是不吉，損卦意為損傷，兌金泄之，兌為刀斧，因刀斧而傷，自是伐木之象，兌為西，應期酉日，當日子，數至酉日，正為第十日。

案例二〇二　買香占斷

事項：買香占。

原文：酉年八月二十五日午時，有楊客賣香。**康節曰**：「此香非沈香。」**客曰**：「此香真不可及。」**康節曰**：「火中有木，水澤之木，非沈香也。恐是久陰之木。用湯藥煮之。」客怒而去。半月後有賓客至，**雲**：是清尾人家作道場，沈香僞而不香。**康節曰**：「香是何人帶來，但問其故，我已先知之矣。「伯溫令人去問，果是楊客」。**康節曰**：前日到門首，因觀之。未問之前先失手，其香墜地，故去年月日時占之，得睽之噬嗑。睽卦下卦屬兌，兌為澤。噬嗑下卦屬震，震為木，乃水澤之木，即非沈香。睽卦上互得坎，坎為水；下互得離，離為火。上有水即湯，噬嗑卦上互見坎，坎為水，下互見艮，艮為山，中有水，亦象之象。此乃水澤久損汙濕之木，以湯煮之。此理可曉。從此大小事，不可不較其時也。」。

案例二〇二　買香占斷

【本卦】	【互卦】	【變卦】	【錯卦】	【綜卦】
火澤睽	水火既濟	火雷噬嗑	水山蹇	風火家人
（艮）	（坎）	（巽）	（兌）	（巽）

體

用

解法：

1. 震木為香，由兌卦化出，兌克震，兌為澤，離用克兌體，故為假物。
2. 凡占物之真假，體受克為假，體克用為真。
3.

案例二〇三　上吊自殺

事項：女占與老公吵架後老公離家出走。
時間：2019 年 4 月 18 日 09 時 32 分。
四值：己亥年戊辰月乙酉日辛巳時。
起卦：方式未知。
卦名：雷天大壯之雷澤歸妹。

【本卦】	【互卦】	【變卦】	【錯卦】	【綜卦】
雷天大壯	澤天夬	雷澤歸妹	風地觀	天山遯
（坤）	（坤）	（兌）	（乾）	（乾）

體
用

占斷：此人必死於戌日。
反饋：後於次日發現上吊。
解法：

1. 震為此老公，為怒，為出行，兌為此女，為嘴巴，克震沖震為吵架。
2. 主卦乾用剋體，乾為戌亥，戌日應凶，人死。
3. 震為繩，乾為頭，震上乾下，頭在繩下，上吊之象。
4. 此卦體為震木，受克太重，但有一離火制乾，或見一坎水泄去乾金之力，體則有救，雖傷不死。

案例二〇四　臨日而占

事項：男占胃炎犯了。

時間：2021 年 11 月 21 日 8 時 19 分。

四值：辛丑年己亥月癸酉日丙辰時。

起卦：電腦隨機。

卦名：雷地豫之澤地萃。

【本卦】	【互卦】	【變卦】	【錯卦】	【綜卦】
雷地豫	水山蹇	澤地萃	風天小畜	地山謙
（震）	（兌）	（兌）	（巽）	（兌）

用

體

占斷：當天就可以好。

反饋：果於當日胃部不適消失。

解法：

1. 雖然是男占，但占的是胃，所以以坤為體。
2. 坤為胃受克，震木主酸，直讀胃酸，酸克胃，所以胃部不適。
3. 坤生兌，兌來制震木，酸性被制故而無事，兌臨日支，當日即愈。

案例二〇五　貓咪抓傷

事項：男占舍友嘴被貓抓了，會感染嗎？
時間：2021 年 11 月 21 日 18 時 49 分。
四值：辛丑年己亥月癸酉日辛酉時。
起卦：電腦隨機。
卦名：火澤睽之火水未濟。

	【本卦】	【互卦】	【變卦】	【錯卦】	【綜卦】
	火澤睽 （艮）	水火既濟 （坎）	火水未濟 （離）	水山蹇 （兌）	風火家人 （巽）

占斷：沒事，且寬心。
反饋：果無事。
解法：

1. 兌為嘴巴受克，體為兌卦，用離為貓，也為炎症。
2. 兌化出坎水克用，離火無力制兌，離為血，出血而已，體克用，故無事矣。
3. 再以坎為本人，兌為嘴巴，兌用生坎，也是吉象。

案例二〇六　上司被查

事項：女占父什麼時候回來。
背景：因一高官被查，父為其司機，連累入檢查院，什麼時候可以回家。
時間：2021 年 11 月 25 日 17 時 59 分。
四值：辛丑年己亥月丁丑日己酉時。
起卦：電腦隨機。
卦名：風地觀之風雷益。

	【本卦】	【互卦】	【變卦】	【錯卦】	【綜卦】
	風地觀（乾）	山地剝（乾）	風雷益（巽）	雷天大壯（坤）	地澤臨（坤）

占斷：雖被查亦為安全，子月必歸。
反饋：果於子月回家。
解法：

1. 卦中無乾取震木為父，震為動，巽為方向盤，故其父為司機。
2. 酉時沖剋體震，故當下為人所管制。
3. 原卦中無剋，又得巽木比助，至子月生震木，人必歸。

案例二〇七 女占胃痛

事項：女測胃痛什麼時候好。
時間：2021 年 12 月 1 日 21 時 15 分。
四值：辛丑年己亥月癸未日癸亥時。
起卦：電腦隨機。
卦名：雷地豫之火地晉。

【本卦】	【互卦】	【變卦】	【錯卦】	【綜卦】
雷地豫	水山蹇	火地晉	風天小畜	地山謙
（震）	（兌）	（乾）	（巽）	（兌）

用
體

占斷：胃痛好不了了，當下好轉，日後還會再犯，胃炎嚴重。
反饋：果然長期胃炎，飲食稍變則胃痛。
解法：
1. 女占胃則以坤為體，坤為胃，震木克之，震木主酸，克則痛，主卦胃痛。
2. 變卦離火雖生體，但互坎克離，月令亥水制離，離火無力，震木力旺，克大於生，必不痊癒。但畢竟有生，不至於大凶之象。

案例二〇八　精神疾病

事項：女占病。

時間：2022 年 3 月 27 日 22 時 31 分。

四值：壬寅年癸卯月己卯日乙亥時。

起卦：電腦隨機。

卦名：震為雷之震澤歸妹。

	【本卦】	【互卦】	【變卦】	【錯卦】	【綜卦】
	震為雷（震）	水山蹇（兌）	雷澤歸妹（兌）	巽為風（巽）	艮為山（艮）

體

用

占斷：精神病，難愈。

反饋：果抑鬱症數年，心理醫生言很難痊癒，需要共存。

解法：震為體為精神，臨兌受克，精神之疾，變卦為結果，結果為凶，故不得痊癒。震為精神，動化回頭沖克，必然凶象。

案例二〇九　學位證書

事項：女占找學位證書。
時間：2022 年 1 月 29 日 12 時 21 分。
四值：辛丑年辛丑月壬午日丙午時。
起卦：電腦隨機。
卦名：水火既濟之澤火革。

	【本卦】	【互卦】	【變卦】	【錯卦】	【綜卦】
	水火既濟	火水未濟	澤火革	火水未濟	火水未濟
	（坎）	（離）	（坎）	（離）	（離）

用
體

占斷：可以找回，方向西或西南，下午未時酉時可以找回。

反饋：後於當日未時西方櫃子裡找回。
解法：
1. 以離為證書。
2. 坎為丟失，離為證書，主卦直讀證書丟失，兌為缺，生助坎水克離為證書，物受克似乎難以尋回。但此卦另有玄機，日支為午，時支亦為午，離為日時同宮，雖克無妨。
3. 兌為西，故應西方，未時者合住離中午火，又通關離兌之克，故應未時。
4. 此例非首卦亦驗之，卦主還有首卦，但不應象，故我重新起之，見下例。

案例二一〇　當日有雨

事項：占當日有雨否。

背景：一老婦人外出，天陰問雨，因手機無天氣軟件，故起卦告之。

時間：2022年4月23日7時39分。

四值：壬寅年甲辰月丙午日壬辰時。

起卦：電腦隨機。

卦名：地澤臨之地天泰。

	【本卦】	【互卦】	【變卦】	【錯卦】	【綜卦】
	地澤臨	地雷復	地天泰	天山遯	風地觀
	(坤)	(坤)	(坤)	(乾)	(乾)

體
用

占斷：不雨。

反饋：果未雨。

解法：

1. 若此例占雨否，則坤為老婦人，兌為雨，兌金泄之，擔心下雨。

2. 因此例為老婦人因擔心淋雨而占，坤不為雲，反為老婦人，生兌為雨，兌化乾，乾主晴，故必無雨。

案例二一一　割雙眼皮

事項：女占割雙眼皮對自己影響大嗎？
時間：2022年4月29日15時18分。
四值：壬寅年甲辰月壬子日戊申時。
起卦：電腦隨機。
卦名：天地否之澤地萃。

	【本卦】	【互卦】	【變卦】	【錯卦】	【綜卦】
	天地否（乾）	風山漸（艮）	澤地萃（兌）	地天泰（坤）	地天泰（坤）

用
體

占斷：不吉，建議不要割。
反饋：後聽從建議未割。
解法：

1. 坤為皮膚，引申為眼皮，乾為一，故為單，直讀單眼皮。
2. 變卦兌為二，為雙，直讀雙眼皮，主→變，單眼皮變成了雙眼皮，乾→兌，直讀圓→缺，乾為財，兌為破，故影響財運，不割為好。

案例二一二　實習工作

事項：女占一實習工作靠譜嗎？

背景：卦主考古專業，在其他考古QQ群裡面看到有人在一處考古發掘的招聘信息，考古地較偏僻。

時間：2022年7月29日11時34分。

四值：壬寅年丁未月癸未日戊午時。

起卦：數字起卦。

卦名：山地剝之艮為山。

【本卦】	【互卦】	【變卦】	【錯卦】	【綜卦】
山地剝（乾）	坤為地（坤）	艮為山（艮）	澤天夬（坤）	地雷復（坤）

體
用

占斷：正常工作，沒有危險。

反饋：後去應聘，工作月餘，沒有問題。

解法：坤為體，上艮為用，為山，為考古之地，主互變皆比合之，坤卦又臨月未，自是無事。

案例二一三　同性複合

事項：女占和女朋友複合能成嗎？

時間：2022 年 5 月 13 日 11 時 15 分。

四值：壬寅年乙巳月丙寅日甲午時。

起卦：時間起卦。

卦名：雷火豐之震為雷。

	【本卦】	【互卦】	【變卦】	【錯卦】	【綜卦】
	雷火豐 （坎）	澤風大過 （震）	震為雷 （震）	風水渙 （離）	火山旅 （離）

體

用

占斷：可以複合，應在巳日亥時。

反饋：果於巳日亥時聯繫上複合。

解法：

1. 以離為用為女朋友，主卦上震為體，震為動，離為心，直讀動心，表示卦主當下還有對對方的思念感情。

2. 互兌為本體，克巽用，體克用吉，可以複合，且變卦震木比合之，故爾大吉。

3. 離取巳，巳火旺離，亥日生震木，故應巳日亥時。

案例二一四　今日動靜

事項：自占今日動靜如何。

時間：2022 年 11 月 12 日辰時。

四值：壬寅年辛亥月己巳日辰時。

起卦：電腦隨機。

卦名：水雷屯之水地比。

	【本卦】	【互卦】	【變卦】	【錯卦】	【綜卦】
	水雷屯	山地剝	水地比	火風鼎	山水蒙
	（坎）	（乾）	（坤）	（離）	（離）

占斷：未占斷。

反饋：後於當日下雨，始悟此卦實應下雨之事。

解法：坎為雨，坤為地，震為落，地上落雨之象。

案例二一五　增刪卜易

事項：自占《增刪卜易》上冊丟失還能找回來嗎？
時間：2022年11月13日17時37分。
四值：壬寅年辛亥月庚午日乙酉時。
起卦：電腦隨機。
卦名：水火既濟之水雷屯。

	【本卦】	【互卦】	【變卦】	【錯卦】	【綜卦】
	水火既濟 （坎）	火水未濟 （離）	水雷屯 （坎）	火水未濟 （離）	火水未濟 （離）
體					
用					

占斷：找不到了，已失。
反饋：後父親於西南方向書櫃底下找到。
解法：不知何解，震為書，坎為體，變卦體生用何故尋回？不知何故。

案例二一六　何時結婚

事項：三十多歲女問什麼時候能結婚？
時間：2021 年 11 月 15 日 19 時 14 分。
四值：辛丑年己亥月丁卯日庚戌時。
起卦：電腦隨機。
卦名：天澤履之乾為天。

	【本卦】	【互卦】	【變卦】	【錯卦】	【綜卦】
	天澤履	風火家人	乾為天	地山謙	風天小畜
	(艮)	(巽)	(乾)	(兌)	(巽)

體
用

占斷：
1. 目前有目標，且對方已為人父，有女兒。
2. 此婚姻可成。

反饋： 目前男方離異有 2 個女兒，但後續結婚與否還未反饋。

解法：
1. 此互離為中女，為體，上乾為用，乾為圓滿，臨兌為缺，直讀缺圓滿，兌為二，二次圓滿，故有離婚一事。
2. 乾為父，故男方已為人父，臨兌女兒，有女兒，兌為二，所以有 2 個女兒。
3. 兌卦發動化乾，兌為缺，乾為圓滿，故由缺到圓，感情必成。

案例二一七　奶奶受傷

事項：男問奶奶幹活不小心把腿摔斷了，剛進病房，看看怎麼樣。

時間：2022 年 11 月 11 日 17 時 23 分。

四值：壬寅年辛亥月戊辰日辛酉時。

起卦：電腦隨機。

卦名：風天小畜之乾為天。

【本卦】	【互卦】	【變卦】	【錯卦】	【綜卦】
風天小畜（巽）	火澤睽（艮）	乾為天（乾）	雷地豫（震）	天澤履（艮）

占斷：

1. 今天剛摔沒多久，摔的是左腿。
2. 現在腿很疼，但是沒有大礙。
3. 後期本月就可以慢慢恢復了。
4. 後面還會加鋼板。

反饋：果然如此。
解法：
    1. 巽為奶奶，為腿，受乾之克，所以腿部受傷。
    2. 主卦為左，變卦為右，所以應在左腿上。
    3. 巽為辰，當日為辰，必當日受傷。
    4. 巽化乾，乾為金，腿上加鋼板。
    5. 本月亥水泄金生巽體，本月就可以好，子月泄金力大，子月當痊癒。

案例二一八　三角戀情

事項：17 歲女占前任何時與小三分手？
時間：2022 年 11 月 16 日 14 時 49 分。
四值：壬寅年辛亥月癸酉日己未時。
起卦：電腦隨機。
卦名：水山蹇之地山謙。

	【本卦】	【互卦】	【變卦】	【錯卦】	【綜卦】
	水山蹇	火水未濟	地山謙	火澤睽	雷水解
	（兌）	（離）	（兌）	（艮）	（震）

案例二一八　三角戀情　339

占斷：

1. 離為女方，坤為小三，艮為男方。
2. 互坎男方剋體，坎為黑，為狠，男生分手的時候態度很堅決，心狠。離受剋，離為心，女方心裡受傷了。離為眼睛，坎為淚，一直在哭。反饋正確。
3. 坤沖剋艮，男方分手之後，然後再找小三的。離為麗，坤為醜，女方比小三漂亮。反饋正確。
4. 坤為未，斷小三未月相處的，反饋前天，應未日。
5. 此坤化坎受剋，坎為子，為冬，受艮剋制，小三冬天必分，待驗。
6. 艮為床，坎為性，已經有比較親密的行動了。艮為手，坎為淫。
7. 坎剋離，坎為酒，分手當天男方飲酒了，反饋兩人喝過酒分的。
8. 分手前兩天還下雨了。反饋記不清了。

案例二一九　包包丟失

事項：女占找包。
時間：2022年10月10日22時47分。
四值：壬寅年庚戌月丙申日己亥時。
起卦：電腦隨機。
卦名：火山旅之火地晉。

【本卦】	【互卦】	【變卦】	【錯卦】	【綜卦】
火山旅	澤風大過	火地晉	水澤節	雷火豐
（離）	（震）	（乾）	（坎）	（坎）

體
用

占斷：找不到了，此物被一年輕男子拿走。
反饋：此女在操場丟失後次日又尋，果無法找回。
解法：

1. 坤為包，離為此女，離火被泄，體生用，物失，坤坐未申，故申日丟失。
2. 主卦坤化艮，艮泄離火之氣，艮亦為年輕男子，故物必失，為男子拿走。

案例二二〇　射覆姓氏

事項：射覆，占男姓氏。

時間：2021 年 12 月 3 日 20 時 46 分。

四值：辛丑年己亥月乙酉日丙戌時。

起卦：電腦隨機。

卦名：澤火革之水火既濟。

	【本卦】	【互卦】	【變卦】	【錯卦】	【綜卦】
	澤火革	天風姤	水火既濟	山水蒙	火風鼎
	（坎）	（乾）	（坎）	（離）	（離）

用

體

占斷：姓朱。

反饋：果然是朱姓。

解法：離體，離為紅，故為朱姓。

案例二二一　婚戀關係

事項：女占感情。
背景：87 年女，77 年男，雙方各自有家庭。
時間：2021 年 12 月 3 日 22 時 30 分。
四值：辛丑年己亥月乙酉日丁亥時。
起卦：電腦隨機。
卦名：風地觀之風雷益。

	【本卦】	【互卦】	【變卦】	【錯卦】	【綜卦】
	風地觀 （乾）	山地剝 （乾）	風雷益 （巽）	雷天大壯 （坤）	地澤臨 （坤）

占斷：

1. 此感情明顯不成。巽為此女，互見艮，艮為家，故有家人，主卦風地觀，意為觀望之意。
2. 變卦震為男方，克互坤女人，故男方亦有家有妻，震比助巽，巽為隱藏，男女感情私下發展還有可能。
3. 似此類占問，最好莫加幹擾，恐積因果。

案例二二二　　接親摔倒

事項：男問哥哥今天接親路上背新娘的時候摔了一下，吉凶如何，兆應如何？

時間：2021年12月4日12時2分。

四值：辛丑年己亥月丙戌日甲午時。

起卦：電腦隨機。

卦名：水澤節之水雷屯。

【本卦】	【互卦】	【變卦】	【錯卦】	【綜卦】
水澤節	山雷頤	水雷屯	火山旅	風水渙
（坎）	（巽）	（坎）	（離）	（離）

體
用

占斷：雖然摔了一下，但是一點事兒都沒有，兆應上會飲酒至醉，但亦無事。

反饋：果如所測。

解法：

1. 以坎為險，為病，為災，震為腳，坎為滑，直讀腳滑，應摔倒一事。

2. 震化兌，兌為嘴巴，坎為酒，直讀飲酒，坎為醉，飲酒至醉，兌生坎，丑年扶體，無大事。

案例二二三　網暴事件

事項：自占聊天案例丟失還能找回嗎？
時間：2022 年 11 月 18 日 10 時 12 分。
四值：壬寅年辛亥月乙亥日辛巳時。
起卦：電腦隨機。
卦名：地火明夷之雷火豐。

	【本卦】	【互卦】	【變卦】	【錯卦】	【綜卦】
	地火明夷	雷水解	雷火豐	天水訟	火地晉
	(坎)	(震)	(坎)	(離)	(乾)

用

體

解法：

1. 筆至此時，已入辛亥月運，筆者日干乙木，七殺攻身，本月犯小人，竟至網暴，一時難以忍受，卸載微信，後兩年案例盡皆丟失，此卦即蔔還能否找回聊天案例。

2. 前曾有所蔔類似之問，然不得其法，後發於自身，始有領會，占丟失實物與虛物，同出一轍，不必分類，此卦始悟，當記之。

3. 以離為數據，震木為體，變卦體生用，表示數據丟失。然震木化坤，坤體受離火之生，離為數據，必可有所尋回，後煩筆者諸多學生，挨個截圖以發案例。餘例皆由截圖所錄，工程之大，不勝感激。

案例二二四　牢獄之災

事項：男問會有牢獄之災嗎？
背景：此人騎摩托車將人創傷，已賠償八十萬。
時間：2022年4月1日17時34分。
四值：壬寅年癸卯月甲申日癸酉時。
起卦：報數起卦。
卦名：山水蒙之山澤損。

	【本卦】	【互卦】	【變卦】	【錯卦】	【綜卦】
	山水蒙	地雷複	山澤損	澤火革	水雷屯
	（離）	（坤）	（艮）	（坎）	（坎）

占斷：碰傷的是一個男的，但不會牢獄。
反饋：檢察院不起訴，未坐牢。
解法：

1. 此卦典型牢獄卦，供後學參考研究。
2. 下坎為體，臨艮為止為牢獄，艮克坎，目下有牢獄之災。
3. 坎化兌，艮生之，用生體，用艮為牢獄，生體為吉，不會坐牢。

案例二二五　車禍傷災

事項：男問叔輩一老人被車碰，後續情況如何。
時間：2022 年 4 月 6 日 19 時 26 分。
四值：壬寅年甲辰月己丑日甲戌時。
起卦：時間起卦。
卦名：雷山小過之澤山咸。

【本卦】	【互卦】	【變卦】	【錯卦】	【綜卦】
雷山小過（兌）	澤風大過（震）	澤山咸（兌）	風澤中孚（艮）	雷山小過（兌）

用
體

占斷：傷到腿腳而已，但不至於凶危。
反饋：果傷到左腳，經治療後出院。
解法：

1. 卦中無乾，以震為老人定之，震動化兌，動化回頭克，互兌又克之，震為腳，臨艮為止，明顯傷到腿腳不能走動。
2. 震木無乾卦克伐，大樹豈能為小刀砍斷？兌金克不死震木，無生命之危。

案例二二六　自占兆應

事項：自佔用了許久的鑰匙扣突然斷裂是何徵兆？
時間：2022 年 4 月 7 日 12 時 41 分。
四值：壬寅年甲辰月庚寅日壬午時。
起卦：電腦隨機。
卦名：天地否之風地觀。

【本卦】	【互卦】	【變卦】	【錯卦】	【綜卦】
天地否	風地觀	風地觀	地天泰	地天泰
(乾)	(乾)	(乾)	(坤)	(坤)

用

體

占斷：此卦當於辰巳日破財或傷。

反饋：至辰日辰時起床做飯時撞到案板，起包，後於巳時左右拜訪一親戚，入其二樓，不知其樓頂底須俯身入室，又撞到頭，起包。數日才消下去。

解法：

1. 以乾為金屬之物，故為鑰匙串。主卦否，天清地濁，主分裂，坤為衣袋，應鑰匙扣斷裂後丟棄一事。

2. 有事必有應，互卦巽木克艮體，巽主辰巳，克則有破，故應辰日有傷，變卦巽又剋體艮，故傷至兩次。

案例二二七　　翻牆被查

事項：男問前幾年借給他人身份證，查出來翻牆，吉凶如何，會不會有事？
時間：2022 年。
四值：壬寅年。
起卦：電腦隨機。
卦名：風山漸之水山蹇。

【本卦】	【互卦】	【變卦】	【錯卦】	【綜卦】
風山漸	火水未濟	水山蹇	雷澤歸妹	雷澤歸妹
（艮）	（離）	（兌）	（兌）	（兌）

用
體

占斷：此例應為憂患卦，以當下憂患切入，坎為體，艮為單位，艮克坎體，表示當下之憂。坎水化出巽木以克艮用，故無事矣。這裡艮又為牆，巽又為身份證，巽為入，為女子，明顯女子用身份證翻牆，故存疑為現實卦。
反饋：只是口頭教育了一下，並沒有事。

案例二二八　閨蜜吉凶

事項：女問閨蜜頭上長了個骨瘤吉凶如何？
時間：2022 年 4 月 9 日 10 時 15 分。
四值：壬寅年甲辰月壬辰日乙巳時。
起卦：電腦隨機。
卦名：火澤睽之天澤履。

	【本卦】	【互卦】	【變卦】	【錯卦】	【綜卦】
	火澤睽 （艮）	水火既濟 （坎）	天澤履 （艮）	水山蹇 （兌）	風火家人 （巽）

用

體

占斷：此凶卦矣，明年 23 年恐嚴重。
反饋：暫未反饋。
解法：
　1. 此以兌少女為體，乾金比之，乾為骨，故應骨瘤一事，變卦為右，實際右邊頭上骨瘤。
　2. 此又有離火克兌體，離為三，兌為二，應 2023 年之兇險。
　3. 本例待明年反饋。

案例二二九　少女失蹤

事項：近期頻繁有少女失蹤是何原因？
時間：2022年11月19日16時20分。
四值：壬寅年辛亥月丙子日丙申時。
起卦：電腦隨機。
卦名：震為雷之澤雷隨。

【本卦】	【互卦】	【變卦】	【錯卦】	【綜卦】
震為雷	水山蹇	澤雷隨	巽為風	艮為山
（震）	（兌）	（震）	（巽）	（艮）

占斷：

1. 此因朋友之問，故而占之。
2. 變卦兌為少女，震為出行，皆出行所致，但卦象似有他意，主卦震為動，為卯，為震，疑明年癸卯地震。又震為男，為走，又疑近日將有男性失蹤。今存之待明年之驗。

案例二三〇　獨生子女

事項：射覆，占某女生兄弟姐妹幾人。

時間：2022 年 11 月 19 日 19 時 0。

四值：壬寅年辛亥月丙子日戊戌時。

起卦：電腦隨機。

卦名：澤地萃之澤山咸。

	【本卦】 澤地萃 （兌）	【互卦】 風山漸 （艮）	【變卦】 澤山咸 （兌）	【錯卦】 山天大畜 （艮）	【綜卦】 地風升 （震）
體					
用					

占斷：獨生女。

反饋：果然獨生。

解法：兌為少女，為體，艮為獨，變卦直讀獨女。

案例二三一　精神疾病

事項：女問病什麼時候好？

時間：2022 年 11 月 19 日 19 時 51 分。

四值：壬寅年辛亥月丙子日戊戌時。

起卦：電腦隨機。

卦名：火水未濟之雷水解。

	【本卦】	【互卦】	【變卦】	【錯卦】	【綜卦】
	火水未濟 （離）	水火既濟 （坎）	雷水解 （震）	水火既濟 （坎）	水火既濟 （坎）

占斷：此明顯精神之病或心血之病。

反饋：躁鬱症。

解法：

1. 此典型精神之疾，習者宜牢記於心。
2. 震為精神，坎為病，直讀精神病，坎生震，當下並不嚴重，坎刑震，發作時有自殘。離為心血，坎為病，故非精神之疾便是心血之病。
3. 此病難以痊癒。

案例二三二　交接人員

事項：男問交接的人什麼時候來北京？
時間：2022年4月15日12時13分。
四值：壬寅年甲辰月戊戌日戊午時。
起卦：電腦隨機。
卦名：水澤節之水天需。

【本卦】	【互卦】	【變卦】	【錯卦】	【綜卦】
水澤節	山雷頤	水天需	火山旅	風水渙
（坎）	（巽）	（坤）	（離）	（離）

占斷：戌亥日來。
反饋：後於13日後亥日到北京交班。
解法：

1. 此單占應期，屬應期卦。
2. 變卦坎為北，乾為京，直讀北京。根據動靜來說，坎為體居靜位，乾為用，為此人，居動位，乾生坎，吉，人必來，乾應戌亥，則戌亥日人至，乾為天，坐飛機來。
3. 次日亦亥日，未應，而應下一輪亥日，習者應注意。

案例二三三　電車追尾

事項：男占一個騎電車的女生追尾自己的汽車，後續賠償如何？

時間：2022 年 4 月 25 日 23 時 52 分。

四值：壬寅年甲辰月戊申日甲子時。

起卦：電腦隨機。

卦名：山火賁之風火家人。

【本卦】	【互卦】	【變卦】	【錯卦】	【綜卦】
山火賁	雷水解	風火家人	澤水困	火雷噬嗑
（艮）	（震）	（巽）	（兌）	（巽）

用

體

占斷：丑寅時獲得賠償。

反饋：報警後協商，後於 2 時 40 分該女生賠償 600 元，還欠 200。

解法：此卦無明顯追尾之卦，不知何故，但離為此女生，艮為體，艮坐丑寅，用離生體，明顯女方於丑時賠錢。

案例二三四　病重逝世

事項：女問父病重何時逝世。
時間：2022 年 4 月 30 日 20 時 29 分。
四值：壬寅年甲辰月癸丑日壬戌時。
起卦：報數起卦。
卦名：火風鼎之火天大有。

	【本卦】	【互卦】	【變卦】	【錯卦】	【綜卦】
	火風鼎	澤天夬	火天大有	水雷屯	澤火革
	（離）	（坤）	（乾）	（坎）	（坎）

體

用

占斷：此頭部之疾，當晚即逝。
反饋：果腦溢血，占後不到半小時人去世。
解法：

1. 乾為父，為頭，離火克之，離上乾下故為腦溢血。
2. 乾坐戌亥，故應戌亥之日，然戌亥之日還有十天，此卦必以應時，且離火入墓於戌，應戌時卒。

案例二三五　乘坐高鐵

事項：自占因沒有核酸檢測報告乘高鐵順利嗎？
時間：2022 年 4 月 29 日 10 時 03 分。
四值：壬寅年甲辰月壬子日乙巳時。
起卦：電腦隨機。
卦名：乾為天之天火同人。

	【本卦】	【互卦】	【變卦】	【錯卦】	【綜卦】
	乾為天（乾）	乾為天（乾）	天火同人（離）	坤為地（坤）	乾為天（乾）

占斷：

1. 當時因核酸檢測報告還未出，但已經候車了，遂占此卦，出卦後心安，必然可以乘車。
2. 此例以上乾為高鐵，下乾為體，主卦體用比合，表示當下候車之意，下乾化離體，體離克上乾用，必然乘車順利，離為午，應期午時。
3. 此卦雖動化回頭克，子日沖去離火，無妨。

反饋：果於午時上車。

案例二三六　異地複合

事項：男問能否和前女友複合？
時間：2022年5月4日19時06分。
四值：壬寅年甲辰月丁巳日庚戌時。
起卦：電腦隨機。
卦名：風火家人之風山漸。

	【本卦】	【互卦】	【變卦】	【錯卦】	【綜卦】
	風火家人	火水未濟	風山漸	雷水解	火澤睽
	（巽）	（離）	（艮）	（震）	（艮）

體

用

占斷：倆人為異地，該男子比較固執，且複合不了，只能成為朋友關係。
反饋：果為異地關係，一直沒有複合，後成為普通朋友。
解法：

1. 艮土為該男子，為體，艮有固執的意思，對方是一個年輕漂亮的女子，為離卦，為用。
2. 離艮二卦被互卦一坎水隔開，則為異地，離火生艮土，但不喜艮受巽木之克，無法複合。且巽為感情，離為心，臨艮為止，感情結束矣。

案例二三七　人生運勢

事項：中年女人問運勢。
時間：2021年12月06日20時10分。
四值：辛丑年己亥月戊子日壬戌時。
起卦：電腦隨機。
卦名：澤火革之水火既濟。

【本卦】	【互卦】	【變卦】	【錯卦】	【綜卦】
澤火革	天風姤	水火既濟	山水蒙	火風鼎
（坎）	（乾）	（坎）	（離）	（離）

用
體

占斷：運勢先放一邊，身體不好才是重點，精神疾病或婦科之疾，且心臟也有問題。

反饋：此女因丈夫玩失蹤，離婚後被渣男騙，懷孕流產，且有先天疾病而難以找到工作，貧寒至每日饅頭為食，養牛牛病，養狗狗死，抑鬱症且頭疼等。未收其費用且免費化解，然化解工具亦買不起，後與筆者斷聯，不知今日如何。

解法：離為體，坎病臨日支克之，巽為精神受克，皆為病象，月令亦剋體，全然凶象。

案例二三八　女子複合

事項：女問複合。
時間：2021年12月06日02時20分。
四值：辛丑年己亥月戊子日癸丑時。
起卦：電腦隨機。
卦名：風天小畜之巽為風。

	【本卦】	【互卦】	【變卦】	【錯卦】	【綜卦】
	風天小畜 （巽）	火澤睽 （艮）	巽為風 （巽）	雷地豫 （震）	天澤履 （艮）

體

用

占斷：此卦萬萬難以複合，不但複合不了，且男方恐怕還出軌他人。

反饋：此女言此前已找了另一個會感應的小姐姐，她也是這麼說，並且勸自己不要複合，後果然未複合，但無法得知男方是否出軌。

解法：1. 女問複合，原卦乾為男方，上巽為女方，乾克巽木，用來剋體，感情不利。
2. 乾化巽木，巽為另外的女人，卦逢比合有競爭，下巽為他女比之體，故已出軌他人。
3. 主變都為用剋體，故複合不了。

案例二三九　腿部受傷

事項：二十歲男問腿上的傷能不能自己好？
時間：2021年12月7日20時2分。
四值：辛丑年庚子月己丑日甲戌時。
起卦：電腦隨機。
卦名：山地剝之艮為山。

	【本卦】	【互卦】	【變卦】	【錯卦】	【綜卦】
	山地剝 （乾）	坤為地 （坤）	艮為山 （艮）	澤天夬 （坤）	地雷復 （坤）

占斷：未占斷。
反饋：未反饋。
解法：此例既無占斷也無反饋，按理不予記錄，然此卦結構較為特殊，何也？傷腿卻無震巽受克，反而出艮坤之卦，此處應艮為疤，坤為肉，坤艮相沖，其疤被肉頂出，必然自愈，然不知背景亦無詳細反饋，可存以供思路研究。

案例二四〇　何時來水

事項：女問停水了什麼時候來水？
時間：2021 年 12 月 15 日 11 時 47 分。
四值：辛丑年庚子月丁酉日丙午時。
起卦：電腦隨機。
卦名：雷澤歸妹之雷水解。

	【本卦】	【互卦】	【變卦】	【錯卦】	【綜卦】
	雷澤歸妹 （兌）	水火既濟 （坎）	雷水解 （震）	風山漸 （艮）	風山漸 （艮）

占斷：酉時來水。
反饋：果於酉時水來。
解法：象法看震為動，坎為水，兌為酉，直讀酉時來水。理法看，兌坐酉克震為動，主卦明顯動了水，水來。

案例二四一　煤氣施工

事項：因施工停了煤氣，男問什麼時候煤氣能來？
時間：2021年12月15日18時37分。
四值：辛丑年庚子月丁酉日己酉時。
起卦：電腦隨機。
卦名：巽為風之風山漸。

	【本卦】	【互卦】	【變卦】	【錯卦】	【綜卦】
	巽為風 （巽）	火澤睽 （艮）	風山漸 （艮）	震為雷 （震）	兌為澤 （兌）

體
用

占斷：亥日或丑日。
反饋：後於亥日反饋通了煤氣。
解法：巽為煤氣，臨艮為止，表示當下煤氣停止，至亥日為巽木之長生，則又通了煤氣。

案例二四二　考研上岸

事項：男問考研能不能上岸。

時間：2021 年 12 月 18 日 13 時 2 分。

四值：辛丑年庚子月庚子日癸未時。

起卦：電腦隨機。

卦名：風山漸之水山蹇。

	【本卦】	【互卦】	【變卦】	【錯卦】	【綜卦】
	風山漸	火水未濟	水山蹇	雷澤歸妹	雷澤歸妹
	（艮）	（離）	（兌）	（兌）	（兌）

用

體

占斷：過不了。

反饋：後反饋選了個冷門專業，分數亦未達標。

解法：坎為體，艮為用，變卦用剋體，卦名蹇，寒足之意，故上岸不了。

案例二四三　健康發展

事項：中年女子問肝病後續發展會如何？
時間：2022 年 5 月 21 日 20 時 20 分。
四值：壬寅年乙巳月甲戌日甲戌時。
起卦：電腦隨機。
卦名：離為火之火山旅。

【本卦】	【互卦】	【變卦】	【錯卦】	【綜卦】
離為火 （離）	澤風大過 （震）	火山旅 （離）	坎為水 （坎）	離為火 （離）

體
用

占斷：17年開始有預兆，21年22年情況有些惡劣，後續需及時就醫，否則會變為肝炎，需長期服藥治療。

反饋：17年得病，近兩年病情較前年嚴重，後於酉月反饋，去醫院檢查為肝炎，醫生建議長期服藥配合治療。

解法：

1. 互卦切入，巽為肝膽，受兌金所克，兌臨酉，酉年為17年。
2. 變卦表示結果，離火為炎症，巽體化艮，有肝功能受損之意，離火炎症生之，故易發展成肝炎，艮坐丑寅，故為21年22年肝炎。

案例二四四　女子占病

事項：女占病。

時間：2022 年 5 月 26 日 15 時 57 分。

四值：壬寅年乙巳月己卯日壬申時。

起卦：電腦隨機。

卦名：水天需之澤天夬。

【本卦】	【互卦】	【變卦】	【錯卦】	【綜卦】
水天需	火澤睽	澤天夬	火地晉	天水訟
(坤)	(艮)	(坤)	(乾)	(離)

用

體

案例二四四　女子占病

占斷：此頭上之疾，當為精神分裂且伴隨著幻聽，右側部分頭疼，一二年患病，一四年病情嚴重，一六年時好轉，二〇年時亦好轉，今年病情多有反復，至二六年方能痊癒。

反饋：果如所測。

解法：

1. 卯日起卦，受時支申金暗合，已考慮問病，實際果然問病。

2. 卯為震木，震為精神，變卦乾兌比助之，乾為頭，頭部精神受克，兌為分裂，乾為精神，故精神分裂之疾。

3. 兌為聲音，乾為頭部，故有幻聽，乾為一，兌為二，故一二年患病，一四年甲午，午火克乾，故一四年嚴重，一六年為坎卦克離火，病情穩定下來，二六年亦坎卦克離，故二六年當大愈。

案例二四五　感情發展

事項：男問和女友感情發展。
時間：2022 年 6 月 20 日 20 時 39 分。
四值：壬寅年丙午月甲辰日甲戌時。
起卦：電腦隨機。
卦名：澤風大過之天風姤。

【本卦】	【互卦】	【變卦】	【錯卦】	【綜卦】
澤風大過	乾為天	天風姤	山雷頤	澤風大過
（震）	（乾）	（乾）	（巽）	（震）

占斷：此事決定權在男方，男方若想在一起就能繼續下去，然此卦最終男方可能會主動分手。

反饋：去年年底在一起後男方付出的多，再後來男方提了分手。

解法：

1. 變卦乾金為體，克巽木就是兩人在一起的象，乾為一，為二一年，乾為戌亥月，故去年年底相處。
2. 男方對女方是克的狀態，表示在一起是比較辛苦的，主卦為結果，男方依舊克女方，感情始終很累，很可能主動提分手。
3. 人有主觀能動性，非皆為天命，此卦男方若稍忍受，感情亦可修成正果。

案例二四六　未解之卦

事項：男問何時來水。

時間：2021 年 12 月 19 日 22 時 33 分。

四值：辛丑年庚子月辛丑日己亥時。

起卦：電腦隨機。

卦名：風火家人之風天小畜。

	【本卦】	【互卦】	【變卦】	【錯卦】	【綜卦】
	風火家人 （巽）	火水未濟 （離）	風天小畜 （巽）	雷水解 （震）	火澤睽 （艮）

體

用

占斷：午時。

反饋：後於次日未時來水。

解法：不知何解。

案例二四七　工作發展

事項：女問下份工作發展如何？
時間：2022年6月20日20時45分。
四值：壬寅年丙午月甲辰日甲戌時。
起卦：電腦隨機。
卦名：火地晉之山地剝。

	【本卦】	【互卦】	【變卦】	【錯卦】	【綜卦】
	火地晉	水山蹇	山地剝	水天需	地火明夷
	（乾）	（兌）	（乾）	（坤）	（坎）

用

體

占斷：此事本月午月已開始有想法，且在月底丑日會入職新公司，且發展還不錯。
反饋：果於午月開始有找新工作的想法，後於丑日入職。
解法：離為體，坤為新工作，主卦離火生坤土表示在想工作的事。離為午，本月有的想法，變卦艮坤沖之，能進新公司，艮為丑寅，丑日扶坤，故應丑日工作。

案例二四八　競選班長

事項：女問自己次日要競選班長能否選上？
時間：2022 年 7 月 24 日 21 時 29 分。
四值：壬寅年丁未月戊寅日癸亥時。
起卦：電腦隨機。
卦名：坤為地之地雷複。

【本卦】	【互卦】	【變卦】	【錯卦】	【綜卦】
坤為地（坤）	坤為地（坤）	地雷複（坤）	乾為天（乾）	坤為地（坤）

占斷：會於次日未申時競選，且要競選兩次，最終能選上。
反饋：果於次日未時競選，第一輪因有人作弊投票取消，後於第二次當選班長。
解法：主卦上坤為班級，下坤為女，一片比合，競爭激烈，坤坐未申，當天已是亥時，故應次日未時競選班長。變卦體克用，吉。卦中出現地雷複，複卦則代表事情會反復，因此要競選多次。

案例二四九　　投資賺錢

事項：男問自己投資的公司能否賺錢？
時間：2022年8月2日14時25分。
四值：壬寅年丁未月丁亥日丁未時。
起卦：電腦隨機。
卦名：山火賁之風火家人。

【本卦】	【互卦】	【變卦】	【錯卦】	【綜卦】
山火賁	雷水解	風火家人	澤水困	火雷噬嗑
（艮）	（震）	（巽）	（兌）	（巽）

用
體

占斷：投資的文化傳媒公司，能賺到錢。
反饋：果然投資廣告公司，於寫本例不久前又反饋賺到了不少錢。
解法：艮為男，為體，離火為用，為公司，離火為文化，為傳播，故取文化傳媒公司。主卦，用離火生艮體，大吉，故能賺錢。

案例二五〇　朋友還錢

事項：20歲女問一男生是否還會還錢？
時間：2022年8月25日14時59分。
四值：壬寅年戊申月庚戌日癸未時。
起卦：電腦隨機。
卦名：風水渙之風澤中孚。

	【本卦】	【互卦】	【變卦】	【錯卦】	【綜卦】
	風水渙	山雷頤	風澤中孚	雷火豐	水澤節
	（離）	（巽）	（艮）	（坎）	（坎）

體

用

占斷：男方不會還錢。
反饋：至寫書之日一直沒有還錢。
解法：兌金為少女，為體，主變中唯一能表示男的只有坎。兌金生坎水，體生用，凶，不會還錢。

理法門課程簡介

一、梅花易數

(一) 課程時間

每年度招生一次,年底十二月份招生,次年三四月份開課。開課期間,每晚九點至十點為講課時間,每天講課一小時左右,週六週末及節假日休息,課程時間持續為三個月,至六七月份結束。

(二) 課程內容

①基礎內容:

零基礎講解包括陰陽,五行,八卦,干支,類象,生克,體用,空亡,象理,基礎占法,卦類,卦別,外應,四值等。

②專題內容:

涵蓋日常生活與各門各類求測問題詳細講解。如失物占,包括失物方向,應期,吉凶得失,何人找回等。如疾病占,包括發燒,腸胃,頭腦,精神,心臟等各種疾病詳細講解。並專門納入生死占,定重病之人何時生死等。工作占,何時入職,離職,適合方位,貴人與小人,工資,升職等各種問題。此外還有事業,婚姻,感情,病藥,創業,欺詐,資金,股票,投資等,內容眾多,不一一列出。

③進階內容:

包括四值與原局聯動,八種狀態卦解讀,古董真假

占，風水化解與運籌，多卦連讀技法等等市面不傳之秘法。

（三）課程福利

①終生學習。

一經報名，終生免費複學，線上線下均可免費參加。

②內部交流。

內部微信學習群，常年學習交流，以獲取第一資訊，並輔以終生認知思維學習。

③免費預測。

人生中重大事件可免費問卦，如創業，考研，擇校，擇偶，疾病等。

二、天道思維

（一）課程時間

每兩年招生一次，下半年開課。開課期間，每晚九點至十點為講課時間，每天講課一小時左右，週六週末及節假日休息，每次課程時間持續為兩個月。

（二）課程內容

①由技入道：

不再局限於具體的術數或學科知識，轉而研究形而上的層面，探討世間的「道」。內容劃分為三個層次，由外及內分為天道，人道與命運，分別對應哲學，社會與人生。天道：萬事萬物運行變化之道。人道：人類社會底層運行邏輯。命運：個體命運規律與介入修改。

②涉及學科：

梅花易數，八字命理，馬克思主義哲學，黑格爾哲學，中國古代哲學，邏輯學，數學，社會學，心理學，人文學等。

(三) 課程福利

①終生學習。

一經報名，終生免費複學，線上線下均可免費參加。

②內部交流。

內部微信學習群，常年學習交流，以獲取第一資訊，並輔以終生認知思維學習。

③免費諮詢。

人生中重大事件可免費諮詢，如創業，考研，擇校，擇偶，疾病等。

三、其他課程與書籍

2015 年《偵探之殤》，全網小說 APP 可看。

2022 年《梅花六十四講》，淘寶，京東，拼多多，港澳臺地區均有實體書出售。

2023 年《梅花理法講義》。

2024 年《卦筮精選》。

預計長期更新知識並出版新書。

四、聯繫微信

LIXINYAOKY

國家圖書館出版品預行編目資料

卦筮精選／李新耀著. -- 初版. -- 臺北市：進源網路事業有限公司, 2025.03
　面；　公分. -- （相卜叢書；2094）
ISBN 978-626-98939-2-8（平裝）

1.CST：易占

292.1　　　　　　　　　　　　　　114000115

◎相卜叢書 2094
卦筮精選

作　　者／李新耀著
出 版 者／進源網路事業有限公司
發 行 人／林芳仔
法律顧問／江皇樺律師
社　　址／台北市華西街61-1號
電　　話／(02)2304-2670・2304-0856・2336-5280
傳　　真／(02)2302-9249
http://www.chinyuan.com.tw
WeChat ID：chinyuanbooks
Line ID：@fhq0021u
E-mail：juh3344@ms46.hinet.net
郵政劃撥／台北50075331進源書局帳戶
電腦排版／旭豐數位排版有限公司
印　　刷／肯定設計印刷有限公司
出版日期／二〇二五年三月
定　　價／平裝新台幣500元

著作權所有・翻印必究
◎本書如有缺頁破損或裝訂錯誤，請寄回本書局調換

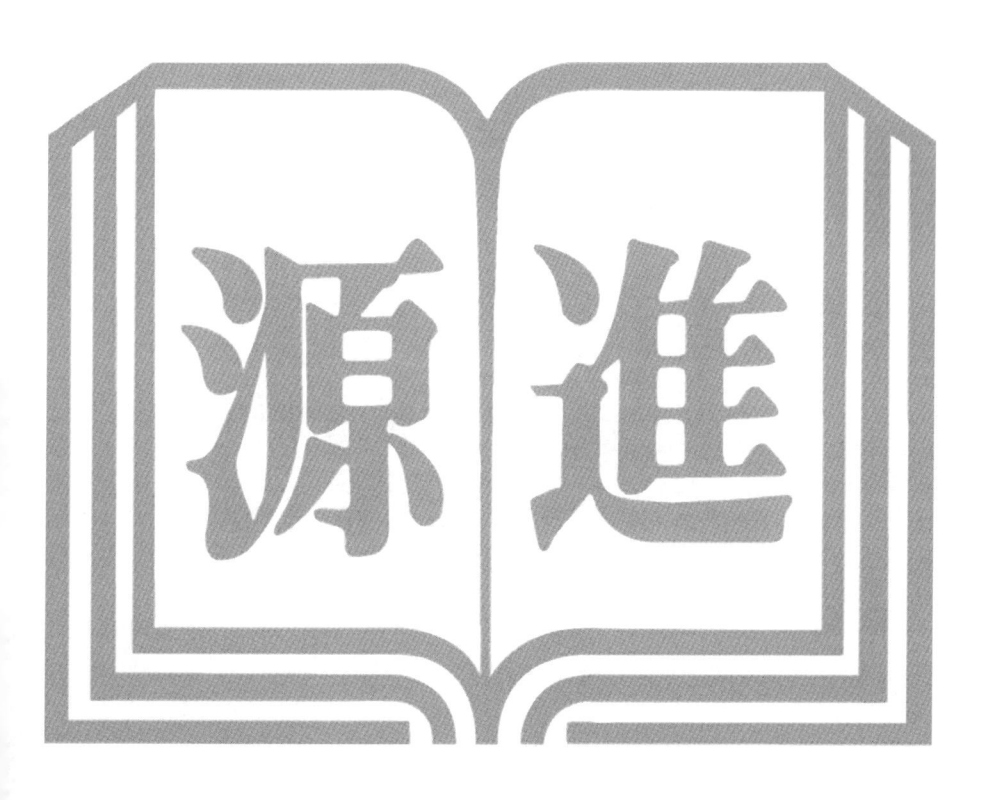